Florence
Brokowski-Shekete

Raus aus den Schubladen!

Meine Gespräche mit Schwarzen Deutschen

Für mehr menschliches Verständnis

Anmerkung der Autorin

In diesem Buch habe ich bewusst diskriminierungssensible Schreibweisen verwendet. So ist das Wort »Schwarz« großgeschrieben. Damit wird verdeutlicht, dass es sich nicht um ein Adjektiv handelt, sondern um eine Selbstbezeichnung von Menschen, die aufgrund ihrer Hautfarbe im beruflichen und privaten Alltag Rassismus erleben.

Inhalt

Vorwort

Es ist noch nicht so lange her, dass meine Autobiografie *Mist, die versteht mich ja!* erschienen ist. Seit der Veröffentlichung erhalte ich viele Zuschriften in Form von Briefen, E-Mails und Kommentaren in den sozialen Netzwerken.

Weiße Deutsche schreiben mir, dass sie meine Einladung zu einem Blick in das Leben einer Schwarzen Deutschen sehr wertschätzend angenommen haben. Sie bedanken sich dafür, Einblicke erhalten zu haben in ein Leben, das ihnen bis dahin kaum oder gar nicht vorstellbar gewesen war.

»Danke, dass Sie mir mit Ihrer Autobiografie Fragen beantwortet haben, die ich mich nie zu stellen traute«, schrieb mir beispielsweise eine Leserin. Sie sei froh, sich nun ohne schlechtes Gewissen, ohne ein selbstverordnetes Frageverbot mit bestimmten Fragen offen auseinandersetzen zu können. Ein Frageverbot, ein Verstummen, das vielerorts verbreitet ist als Gegenpol zu einem unsensiblen Umgang mit Diskriminierungen.

»Ich gebe zu«, heißt es in einem anderen Brief, »als ich gehört habe, dass Sie Schulleiterin sind, war ich sehr verwundert. Eine Schwarze als Schulleiterin an einer deutschen Schule? Nachdem ich nun Ihr Buch gelesen habe, schäme ich mich für diese Einstellung.«

Wie offen, wie ehrlich, wie selbstkritisch. Viele Leserinnen und Leser bekunden, ihre Haltung, ihr Handeln und ihr Verhalten gegenüber Deutschen mit anderen Wurzeln nun zugewandter zu reflektieren.

Deutsche mit anderen Wurzeln, nicht mit afrikanischen, schreiben mir, sie würden die Parallelen erkennen. Auch sie würden nicht als zugehörig betrachtet, obwohl sie doch Teil dieser Gesellschaft und hier zu Hause seien. Sie besäßen nicht die gleichen Möglichkeiten und Chancen wie Weiße und wünschten sich nichts sehnlicher als ein gleichberechtigtes Leben. Sie wollten ihre Existenz in diesem Land, das ihre Heimat, ihr Zuhause ist, nicht ständig rechtfertigen müssen. Sie wünschten sich, als das anerkannt zu werden, was sie sind: Mitglieder unserer Gesellschaft.

Unglaublich viele Zuschriften und Kommentare erreichen mich von Schwarzen deutschen Frauen und Männern jeglichen Alters. Durch meine Geschichte fühlen sie sich nicht nur angesprochen, sie finden sich darin wieder, verspüren Ermutigung und Empowerment. Manche berichten mir von ihrer eigenen Geschichte. Es gibt Gemeinsamkeiten, aber auch Unterschiede. Es sind jedoch alles Geschichten von Stärke, Kraft und Mut, von Lebensfreude und Witz. Es sind auch Geschichten, die Traurigkeit, Schmerz und Einsamkeit erahnen lassen. »Ich wollte Danke sagen«, schreibt mir eine junge Schwarze Frau, »Danke dafür, dass Sie dieses Buch veröffentlicht haben. Damit helfen Sie Menschen, die die gleichen Lebensumstände haben wie Sie. Und Sie helfen auch jenen, die Menschen wie mich nicht verstehen können oder wollen.«

Die Geschichten, die mir zugetragen werden, sind meist Erfolgsgeschichten. Sie erzählen von Schwarzen Frauen und Männern, die enormen Widerständen zum Trotz nicht aufgegeben und ihren Platz in der deutschen Mehrheitsgesellschaft gefunden haben. Dabei waren sie oft die ersten und einzigen Schwarzen in ihrem sozialen Kontext. All diese Geschichten sind für mich Beispiele von Resilienz.

Auch bei Lesungen begegne ich Schwarzen Frauen und Männern. Sie fallen auf, weil sie oft die einzigen Schwarzen Gäste sind. Immer kommen wir ins Gespräch, der Austausch ist mir wichtig.

Wiederum anderen begegne ich in beruflichen Zusammenhängen oder bei privaten Treffen. Wir sehen uns, sprechen über uns, über mein Buch und die darin geschilderten Erfahrungen, das gemeinsame Thema verbindet.

Es sind sehr schöne, tiefgehende Begegnungen.

Und so entstand die Idee zu diesem Buch. Ich lud meine Schwarzen Gesprächspartnerinnen und Gesprächspartner dazu ein und bat sie, mich an ihrem Leben Anteil nehmen zu lassen. Ich bat darum, sie sichtbar machen zu dürfen. Damit andere durch sie Empowerment, Inspiration und Freude erfahren. Um Lebensmut und Willensstärke zu vermitteln. Um außergewöhnliche und gleichsam »normale« Biografien zu zeigen.

Ein Buch von Menschen für Menschen, um sich wahrzunehmen und gegenseitig zu stärken.

Selbstverständlich sind wir hier

Es ist eine gelungene und festliche Veranstaltung zum Thema »Gesellschaftliche Eingliederung von jungen Menschen mit und ohne Migrationshintergrund«.

Die Teilnehmenden suchen den Austausch, man kommt leicht miteinander ins Gespräch, lauscht den Vorträgen und Darbietungen, den unterschiedlichen beruflichen Perspektiven und Tätigkeiten, erfreut sich an der Stimmung.

Man wolle miteinander, voneinander, füreinander lernen, so steht es im Programm. Ich bin ebenfalls Gast, wurde eingeladen, um mit meiner interkulturellen Expertise zu unterstützen. Mich interessiert es auch, welche persönlichen und beruflichen Vorstellungen und Visionen diese jungen Menschen mit ihren vielfältigen, multikulturellen Biografien haben.

Ein weißer, deutscher Gast spricht mich an: »Was machen Sie eigentlich beruflich?«, möchte er wissen. Nun habe ich nicht vor, an diesem Ort meinen beruflichen Hintergrund in den Vordergrund zu stellen. Die Neugier meines Gegenübers ist jedoch deutlich spürbar. Ich erkläre ihm, dass ich hauptberuflich als Schulamtsdirektorin, freiberuflich als Coach, Beraterin und Autorin tätig bin, an dieser Veranstaltung jedoch nur als Gast teilnehme.

Der Blick meines Gegenübers wirkt nun noch erstaunter. Mit großer Enttäuschung und fast ungläubig kommentiert er meine Antwort: »Ach, ich dachte, Sie wären Sängerin.«

»Sängerin?«, wundere ich mich. Natürlich komme ich im Laufe der Veranstaltung mit vielen verschiedenen Menschen ins Gespräch, wir unterhalten uns über unterschiedliche Themen, gesungen habe ich jedoch zu keinem Zeitpunkt.

»Wie kommen Sie darauf, dass ich Sängerin sei?«, frage ich ihn, gespannt auf seine Antwort, und ich merke, wie mein beruflicher Hintergrund nun doch im Begriff ist, in den Vordergrund zu treten, oder besser gesagt, hervorgeholt wird. Er klärt mich auf, dass ich den Eindruck mache, als sei ich Sängerin. Nein, nicht, dass ich jemandem ähnlich sähe, also keiner bestimmten Person. Einfach aufgrund meiner Erscheinung, meiner Frisur, meiner Hautfarbe, meines ganzen Äußeren, meines Auftretens, aufgrund von allem, Sängerin halt, das passe!

Geschickt versuche ich, das Gespräch in eine andere Richtung zu lenken, müsste ich meinem Gegenüber doch sonst erklären, was seine Überzeugung mit Klischees und Schubladendenken zu tun hat, mit Schubladen, in denen er mich sieht. Ich will aber einfach nur diesen Tag und diese Veranstaltung genießen.

Szenenwechsel …

Dieses Mal vertrete ich tatsächlich offiziell als Schulamtsdirektorin das Amt, für das ich tätig bin. Das Thema der schulischen Veranstaltung lautet: »Berufliche Orientierung im schulischen Kontext«. Externe Gäste sind ebenfalls geladen, um sich mit Schülerinnen und Schülern über deren berufliche Ideen auszutauschen und Impulse zu geben. Ein Gast kommt in der Pause freudig auf mich zu. Ich kenne ihn nicht, er kennt mich nicht. Aus diesem Grund erkundigt er sich, wer ich sei und welchen beruflichen Hintergrund ich habe. In diesem Rahmen erscheint es mir passend, meinen beruflichen Hintergrund in den dienstlichen Vordergrund zu rücken. Zunächst lasse ich den so an mir

Interessierten Vermutungen anstellen. Ich lächle in mich hinein in Vorfreude auf das folgende Spielchen. So frage ich ihn, welcher Berufsbranche er mich denn zuordnet, und bin schon sehr gespannt auf seine Einschätzung. Der junge Mann meint, ich sei bestimmt Stewardess. Nicht, dass im Rahmen der Veranstaltung Vertreterinnen und Vertreter dieses Berufsbilds anwesend wären und er mich schlicht verwechselt. Nicht, dass er irgendetwas von mir wüsste. Denn zu diesem Zeitpunkt ist mein Buch, *Mist, die versteht mich ja!*, in dem ich unter anderem von meinem Traumberuf in der Kindheit erzähle, das war tatsächlich Stewardess, noch gar nicht erschienen. »Also«, fügt er hinzu, »zu jemand so Exotischem wie Ihnen passt nur ein exotischer Job.«

Ich kläre ihn auf, dass ich Vertreterin der Unteren Schulaufsichtsbehörde sei und somit die Dienstvorgesetzte der hier anwesenden Schulleitung. »Nein!«, erwidert mein Gegenüber fast empört, »so ein normaler Bürojob passt doch gar nicht zu jemandem, der aussieht wie Sie.« Nicht, dass er mir bestimmte Qualifikationen zuschreibt, die eine Stewardess auszeichnen. Nicht, dass er mir bestimmte Qualifikationen abspricht, die für diesen »normalen« Bürojob, wie er ihn nennt, notwendig sind. Exotik passe nun mal nicht zu normal, normal nicht zu Exotik, so einfach ist das.

Zu meiner großen Überraschung bemerke ich einige Zeit später, dass der junge Mann meinen Worten offensichtlich nicht hat folgen können. Denn in einem Gespräch mit einer weiteren Person zeigt er sich erneut überrascht, als diese ihm meine dienstliche Position erläutert, so, als habe er noch nie davon gehört. Ich habe den Eindruck, er hat es tatsächlich nicht begriffen. Erwartung und Realität ließen sich nicht miteinander in Einklang bringen.

Diese beiden Episoden sind nicht die einzigen, die zeigen, dass Menschen, denen ich im Laufe meines Berufslebens begegnet bin, meine Tätigkeit als Lehrerin, als Schulleiterin, als Schulrätin und Schulamtsdirektorin nicht mit mir in Zusammenhang bringen konnten. Anfangs war ich mir nicht sicher, ob ich die Äußerungen, die erstaunten und fragenden Blicke, die Fassungslosigkeit oder Enttäuschung in den Gesichtern aufgrund meines ganz und gar nicht exotischen Berufes als Kompliment oder als Irritation auffassen sollte.

Ich habe mich dann gefragt: Traute man mir diesen, wie viele meinten, »normalen« Beruf nicht zu, weil man mir unterstellte, die dafür nötigen Kompetenzen nicht zu besitzen? Glaubten sie, dass nur weiße Deutsche den Bildungssektor vertreten dürfen? Rechneten sie schlichtweg nicht mit einer Schwarzen Person in diesem Bereich? Und das auch noch in höherer beziehungsweise leitender Funktion? Zugegeben, der deutsche Bildungssektor ist tatsächlich noch immer vornehmlich weiß. Ich erinnere mich noch gut an eine Situation, in der ich als Lehrerin gefragt wurde, ob ich denn »richtig« Lehrerin sei oder nicht doch eher eine Praktikantin aus Timbuktu.

Nun ist es nicht ungewöhnlich, dass die Mehrheit einer Gesellschaft in der Regel auch das Bild nach außen prägt. Aber eine Gesellschaft verändert sich und damit auch das, was sie repräsentiert. Eine Tatsache, die wahrgenommen, begriffen und anerkannt werden muss. Dennoch, einen wirklichen Vorwurf mache ich meinen Gesprächspartnerinnen und Gesprächspartnern nicht.

Doch hat ihr Erstaunen nur etwas damit zu tun, dass ich als Schwarze in »ihrem« weißen Bildungssektor tätig bin? Oder würde ich bei einem anderen Beruf in die gleichen ungläubigen Gesichter schauen? Liegt es vielleicht daran, dass mit einer Schwarzen deutschen Frau in vielen Berufen nicht gerechnet wird? Oder kommt da einfach die Enttäuschung zum Ausdruck, weil zu der vermeintlich »exotischen« Fassade kein mutmaßlich »exotischer« Beruf gehört, es also keine außergewöhnliche, spannende und amüsante Geschichte zu hören gibt?

Wie ist es mit Schwarzen Schauspielerinnen und Schauspielern? Ja, die gibt es im deutschen Fernsehen. Zwar eher vereinzelt und meist noch in Rollenstereotypen, aber auch das scheint sich gerade zu ändern.

Und Schwarze Sportlerinnen und Sportler? Ja, sie kämpfen für deutsche Mannschaften, laufen, springen und tun vieles mehr für deutsche Vereine. Auch von ihnen haben es einige nicht leicht, müssen Geringschätzung ertragen, vor allem bei Misserfolgen und wenn sie auf der Straße nicht in Verbindung mit ihrem Sport wahrgenommen werden.

Schwarze Models? Ja, auch sie gibt es auf deutschen Laufstegen. Ebenso Schwarze Background-Sängerinnen und -Sänger, die viele weiße deutsche Bands verstärken. Es gibt Schwarze Comedians, Tänzerinnen und Tänzer, ja, auch Stewardessen und Stewards.

Diese Berufe scheinen den Erwartungen zu entsprechen, die mit Schwarzen verbunden sind. Sie sind anders, kreativ, strahlen einen fremdartigen Zauber aus, »exotisch« eben.

Natürlich sieht man immer häufiger Schwarze im Verkauf oder in Sektoren, die vom Fachkräftemangel besonders hart getroffen sind. In diesen Sektoren werden sie nicht nur gebraucht, sondern auch angesiedelt. Von Jobs im Niedriglohnsektor ganz zu schweigen, wo man fest mit ihnen rechnet und davon ausgeht, dass sie, wenn überhaupt, dann dort Fuß fassen.

Schwarze Lehrerinnen und Lehrer in deutschen Klassenzimmern hingegen, Schwarze Juristinnen und Juristen in deutschen Kanzleien, Schwarze Finanzbeamtinnen und Finanzbeamte in deutschen Behörden, Schwarze Bürgermeisterinnen und Bürgermeister in deutschen Städten, Schwarze Vermieterinnen und Vermieter von Wohnungen in Deutschland – das scheint immer noch eine Ausnahme zu sein und ruft jedes Mal großes Erstaunen hervor.

Es hat den Anschein, als ob viele Berufe eine weiße Domäne seien, in der Schwarze nicht erwartet werden, mehr noch, als stünden diese Berufe Schwarzen nicht zu. Als sei es nicht selbstverständlich, dass sich Schwarze für diese Berufe qualifizieren und sie dann auch ausüben. Ich habe zuweilen sogar den

Eindruck, als würde ein Schwarzer, der sich für einen hochqualifizierten Job bewirbt, trotz seiner fachlichen Expertise als anmaßend und grenzüberschreitend betrachtet. So, als ob er etwas von einem Kuchen abhaben wolle, der ihm nicht zusteht. Bedauert man als Schwarze Person diesen Umstand, heißt es schnell, man wolle bloß eine Quote, man wolle Schwarze in Bereichen, egal ob qualifiziert oder nicht, Hauptsache Schwarz. Diese Unterstellung ist absurd, denn Voraussetzung für eine bestimmte berufliche Tätigkeit ist die entsprechende Qualifikation und im besten Fall auch die persönliche Eignung. Also etwas, das so selbstverständlich wie normal sein sollte.

Noch etwas anderes bringt mich immer wieder zum Nachdenken. Meine derzeitige berufliche Tätigkeit ruft Reaktionen hervor, die, so erscheint es mir, sowohl die Ernsthaftigkeit des Berufes wie die Glaubwürdigkeit meiner Person in Zweifel ziehen. Diese berufliche Aufgabe und meine Person passen in den Augen meines Gegenübers nicht zusammen. An der nonverbalen Reaktion erkenne ich, was sich mein Gegenüber gerade fragt: Echt, das ist ein Beruf, den selbst *die* ausüben kann? Dann kann er ja gar nicht so schwer sein. Oder: Ach, schade, wie langweilig, so interessant ist *die* ja gar nicht!

Mitunter nehmen diese Gespräche dann einen merkwürdigen Verlauf aus enttäuschter Verwunderung und ehrfürchtiger Bewunderung. Bei mir persönlich hinterlassen sie einen schalen Beigeschmack, der mir deutlich vermittelt: Das war nicht die Antwort, die man von dir erwartet hat, und irgendwie passt du hier jetzt gar nicht mehr ins Bild. Du hast die Leute enttäuscht, nicht ihren Erwartungen entsprochen.

Oder was hätte ich erwidern sollen, als ich in einem offiziellen Kontext als Schulrätin vorgestellt wurde und eine anwesende Person amüsiert feststellte: »Na, da bringen Sie ja Farbe ins System!«

All diese Eindrücke, Gefühle und Erlebnisse begleiten und beschäftigen mich nun schon seit Jahrzehnten.

Ich wollte nicht glauben, dass es außer mir keine anderen Schwarzen geben soll, die in »normalen« und wenig »exotischen« Berufen tätig sind. Ganz im Gegenteil, ich war fest davon überzeugt, dass es sie gibt. Und ich habe sie getroffen und mit ihnen gesprochen.

Ich wollte dabei herausfinden, welche Berufe es sind, die angeblich nicht zu Schwarzen passen, weil sie nicht »exotisch« und aufregend sind. Mich interessierte, welche Biografien diese Frauen und Männer haben, ihr beruflicher Werdegang und ihr Alltag. Ich habe meine Gesprächspartnerinnen und Gesprächspartner gefragt, welche Erfahrungen sie gemacht haben, welche Hürden und Stolpersteine, Erwartungen und Befürchtungen ihnen auf ihrem Weg begegnet sind und welche Unterstützung und Förderung sie erfahren haben.

Ich wollte wissen, wie weiße Deutsche auf Schwarze Kolleginnen und Kollegen in vermeintlich weißen Berufen in unserer diversen Gesellschaft reagieren. Dabei ging es mir nicht um einen politischen Diskurs, um das Auflisten von Verordnungen, um Aufrechnungen und Vorhaltungen.

Meine Gesprächspartnerinnen und Gesprächspartner habe ich um einen Blick hinter ihre Kulissen gebeten. Dieses Buch soll den Perspektivwechsel ermöglichen, eine Erweiterung des Horizontes innerhalb unserer Gesellschaft. Es soll den Blick gewähren von der Mitte der Brücke in beide Richtungen. Dafür möchte ich dazu einladen, die Brücke von beiden Seiten zu betreten, um sich möglichst in der Mitte zu treffen.

Ich möchte, dass die Stimmen von Schwarzen gehört werden, von jenen, die als Metzgermeister, Gynäkologin, Schulleitungsassistentin, Kantor oder Bürgermeister und in vielen weiteren Berufen und Funktionen als selbstverständlicher Teil unserer Gesellschaft tätig sind.

Diese Frauen und Männer sollen sichtbar werden, sein und bleiben.

Wunderbare Begegnungen

Meine Gespräche mit Schwarzen Deutschen

Sylvie Brou, Schulsekretärin, Heidelberg, Baden-Württemberg, mit Wurzeln in der Elfenbeinküste, Westafrika

Mein Lächeln ist meine Waffe

Sylvie Brou, Schulsekretärin

Einmal Mehrheit in der Minderheit

Eine Schule in einem Stadtteil von Heidelberg. Wer bei der Schulleitung einen Termin hat, muss sich für gewöhnlich zunächst im Schulsekretariat, dem Vorzimmer der Schulleitung, anmelden. Sobald sich diese Tür öffnet, erhebt sich die Frau hinter dem Schreibtisch und begrüßt den eintretenden Gast mit einem Lächeln und der Frage: »Guten Tag, was darf ich für Sie tun?« Eines bemerkte auch ich sofort, die offene Freundlichkeit hat eine wohltuende Wirkung. Egal, in welcher Stimmung der Gast das Büro betritt, ob aufbrausend verärgert oder abwartend unsicher, durch die Begegnung mit Sylvie Brou entsteht eine Atmosphäre der Entspannung.

Noch gut erinnere ich mich an unsere erste Begegnung im Jahr 2014. Anmeldungen von Erstklässlerinnen und Erstklässlern an dieser Schule waren entgegenzunehmen. Die Schule wurde neu organisiert, deshalb verlief nun auch der Anmeldeprozess anders. Die Anwesenheit einer Vertretung der Unteren Schulaufsicht war erforderlich. Aus diesem Grund war ich an diesem Morgen in der Schule und habe zunächst nur mit der weißen Schulleitung gesprochen. Noch wusste ich nicht, wer neben ihr noch anwesend sein würde. Es hieß, eine Schulsekretärin würde uns bei der Arbeit unterstützen. Prompt öffnete sich die Tür und Sylvie Brou trat ein. In diesem Moment passierte etwas, das mir während meines gesamten Berufslebens bisher kein zweites Mal passiert ist. Bei drei Personen in einem Raum bildeten Sylvie Brou und ich die Mehrheit.

Noch heute verspüren wir beide dieses einmalige Gefühl von Solidarität und Freude, von wahnsinnigem Stolz. Zwei Schwarze Frauen in wichtigen Positionen an einer weißen, deutschen Schule, die das Bild dominieren. Das unbeschreibliche Gefühl, mal nicht allein zu sein. Es brauchte nicht viele Worte, wir verstanden uns auf Anhieb, nicht nur verbal, auch nonverbal.

Noch heute fragen wir uns beide, was damals wohl die Erziehungsberechtigten dachten, die an diesem Tag ihre Kinder anmeldeten, denn alltäglich ist diese Personalkonstellation bis heute nicht. Nicht für uns und schon gar nicht für Erziehungsberechtigte.

Mit der Zeit kamen Sylvie Brou und ich öfter ins Gespräch. So liegt es nahe, dass auch ihre Geschichte in dieses Buch gehört.

Der Weg nach Deutschland

Die Mutter einer mittlerweile 20-jährigen Tochter wird 1979 als eines von sieben Geschwistern in Abidjan, dem größten städtischen Ballungsraum der Elfenbeinküste, geboren. Die sieben Kinder sind der Mittelpunkt der großen Familie. Die Mutter kümmert sich ausschließlich um den Haushalt und sorgt dafür, dass der Vater seinem Beruf als Lehrer nachgehen kann. »Meine Mutter ist schon immer eine ruhige, zurückhaltende und gleichzeitig sehr starke Frau gewesen«, erzählt Sylvie Brou in unserem Gespräch. »Die familiären Entscheidungen hat sie immer unserem Vater überlassen und diese auch nie in Frage gestellt.« »Euer Vater liebt euch«, soll Sylvie Brous Mutter ihren Kindern erklärt haben, »warum sollte er jemals eine schlechte Entscheidung für euch treffen?« Diese Regelung entspricht auch dem Vater, der sich stets mit großem Kampfgeist für seine Familie einsetzt und darauf bedacht ist, immer nur das Beste für alle zu erreichen.

Sylvie Brou erkennt früh beide Anteile in sich, die ruhige, zurückhaltende Art der Mutter wie den Kampfgeist des Vaters.

Mit 17 Jahren legt sie ihr Abitur ab und beginnt in Abidjan ein Studium der Germanistik. Bereits in der Schule hat sie ihre Liebe zur deutschen Sprache entdeckt. Wegen der Vielzahl an einheimischen Sprachen, sie spricht drei davon, wächst die Ivorerin mit Französisch als Amtssprache und Englisch als Fremdsprache multilingual auf. Da ist es nur verständlich, dass der Wunsch, die deutsche Sprache dort zu lernen, wo sie auch gesprochen wird, in ihr aufkeimt. Ihrem Vater eröffnet sie, sie wolle nach Deutschland gehen, um die Sprache richtig zu erlernen. Sie ist jung, knapp 20 Jahre alt. Wird das gut gehen? Doch der Vater glaubt an seine Tochter, an ihre Stärke, ihre Willenskraft. »Wenn du nach Deutschland gehen möchtest, dann geh. Du bist eine Kämpferin, du schaffst das«, soll er seiner Tochter gesagt haben. Er gibt ihr noch einen sehr wichtigen Rat mit auf den Weg: »Träume nicht davon«, ermahnt er sie, »dass in einem fremden Land alles glattläuft. Du musst darauf gefasst sein, viel schlucken und ertragen zu müssen. Sei bereit, dich zu wehren und für dich einzustehen.« Außerdem solle sie nie vergessen, dass man sich als Fremde in einem anderen Land immer untereinander zu unterstützen habe. Dies sei, so Sylvie Brou, einer der wichtigsten Ratschläge, die sie mitgenommen habe.

Hochmotiviert bewirbt sich Sylvie Brou bei einer Agentur, die Au-pair-Stellen in Deutschland vermittelt. Sie erhält eine Stelle in der Nähe von München. Ob die Eltern das Geld für diese Reise einfach so aufbringen konnten, frage ich. Denn ich kann mir vorstellen, dass die nötige Summe für eine neunköpfige Familie nicht leicht zusammenzusparen ist. »Nein, nein«, winkt Sylvie Brou ab, »das war kein Problem.« Sie erklärt mir, dass ihre Eltern

Teil einer Gemeinschaft mit einer Vielzahl von Mitgliedern sind. In dieser Gemeinschaft sei es üblich, dass jeder monatlich einen bestimmten Betrag in eine Gemeinschaftskasse einzahle. Plane ein Mitglied ein größeres Projekt, stehe ihm das nötige Geld zur Verfügung. Auch sie unterstütze diese Idee. Monatlich überweise sie einen gewissen Betrag in ihre Heimat. Damit habe sie schon vielen Mitgliedern der Gemeinschaft helfen können, individuelle Vorhaben zu realisieren. Ganz nach dem Credo ihres Vaters, man habe füreinander da zu sein.

Die ersten Eindrücke

Als sie im Juni 2000 in Deutschland ankommt, erlebt die junge Frau ihre erste Überraschung. Ihre Gastfamilie nimmt sie zwar sehr herzlich auf, doch stellt sie schnell fest, dass sie in dem Ort die einzige Schwarze ist. Eine solche Situation hat es in ihrem Leben noch nie gegeben. Zu Hause, in ihrer Heimat, fällt sie nicht auf, und wenn, dann nur aufgrund ihrer Persönlichkeit. Die Menschen in ihrer neuen Umgebung begegnen der jungen Frau freundlich und aufgeschlossen, aber auch mit großer Neugier. Sie stellen viele Fragen, wollen wissen, woher sie kommt, warum sie hier sei, und auch, wann sie vorhabe, wieder zurückzugehen. Sie spricht jedoch noch nicht genug Deutsch, um sich fließend unterhalten zu können. Deshalb verständigt sie sich auf Englisch.

Die größte Herausforderung stellen für Sylvie Brou die »eisigen« Junitemperaturen dar. Lachend beschreibt sie, wie sie sich gefühlt und wie sehr sie gefroren habe. Ihr sei so kalt gewesen wie noch nie zuvor in ihrem Leben.

Sie weiß sich nicht anders zu helfen, als mit einem dicken Wintermantel herumzulaufen, denn eines ist klar, frieren mag sie nicht. Die Menschen um sie herum amüsiert das. Sie lächeln die junge Frau im Wintermantel in der Junisonne an.

»Ja, ich fror, aber es ging mir gut«, sagt sie im Nachhinein, »ich habe mich mit den Menschen dort wohlgefühlt.« Das Wichtigste, sagt Sylvie Brou, sei die Fähigkeit, sich in einer fremden Umgebung anzupassen. »Nicht die Einheimischen haben sich mir anzupassen«, betont sie, »sondern ich passe mich den örtlichen Gegebenheiten an. Diese Einstellung habe ich schon zu Hause gelernt, wir wurden so erzogen.« Natürlich wären die Leute sehr neugierig gewesen und hätten sie immer angeschaut. Das sei jedoch nie negativ gemeint gewesen, denn neugierig zu sein, hieße nicht automatisch, ablehnend zu sein. Das habe sie gewusst und es sich bei jeder Begegnung wieder gesagt.

Sylvie Brou gewöhnt sich trotz der für sie eisigen Temperaturen schnell in ihre Umgebung ein. Etwas anderes, sagt sie, wäre für sie auch nie in Frage gekommen. Zumal sie nicht nach Deutschland gereist sei, um Urlaub zu machen.

Ihre Arbeit als Au-pair nimmt sie umgehend auf. Die Arbeit macht ihr Freude, mit den Kindern kommt sie gut zurecht, wird von ihnen und der gesamten Gastfamilie gemocht. Das für sie vorrangigste Ziel bleibt dabei das Erlernen der deutschen Sprache. Mit Hilfe von Sprachkursen, die verpflichtend sind und zu ihrem einjährigen Aufenthalt gehören, verbessert sie ihre Deutschkenntnisse, die sie sich zu Hause bereits angeeignet hatte. Wenn Leute mit ihr Deutsch sprechen, versteht sie viel. Sie vermeidet es jedoch, selbst Deutsch zu sprechen, zu groß ist ihre Angst, Fehler zu machen, sich zu blamieren. Sie hört zu und lernt stumm. Bis ihre Gastmutter sie eines Tages zur Seite nimmt. »Wenn du hier in Deutschland bleiben möchtest«, rät sie der jungen Frau, »musst du aktiv Deutsch sprechen. Wer dich sieht«, ermuntert sie, »geht doch ohnehin nicht davon aus, dass du perfekt Deutsch sprichst. Im Gegenteil, die Leute erwarten, dass du Fehler machst. Von daher musst du dich nicht schämen. Sprich, egal wie, aber sprich, denn nur so kannst du die Sprache richtig lernen.«

Sylvie Brou fasst sich ein Herz und beginnt Schritt für Schritt, die deutsche Sprache aktiv anzuwenden. »Meine Sätze waren gebrochen und schrecklich falsch«, meint sie rückblickend, »aber ich habe mich nicht mehr so geschämt und einfach gesprochen.« Eines, da ist sie sich sicher, habe ihr besonders geholfen. Sie kauft sich deutsche Bücher und liest von nun an viel. »Irgendwann fühlte ich mich mit der deutschen Sprache so wohl«, sagt sie fröhlich, »dass ich selbst laut gelacht habe, wenn mir auffiel, dass ich beim Sprechen Fehler gemacht habe. Das war dann lustig, aber Scham empfand ich für meine Fehler dank meines gewonnenen Selbstvertrauens nicht mehr.« Dass sie bis heute einen leicht französischen Akzent habe, könne sie nicht ändern und es störe sie auch nicht. Schließlich komme sie aus einem Land, in dem Französisch die Amtssprache ist.

Auf eigenen Beinen stehen

Das Jahr als Au-pair verläuft gut, als es beendet ist, steht eine Verlängerung nicht in Aussicht. Sylvie Brou möchte jedoch in Deutschland bleiben. In diesem Land sieht sie gute Möglichkeiten für ein Studium und dafür, beruflich Fuß zu fassen. Ihre Familie ist einverstanden. Ihr ist es wichtig, dass Sylvie ihren eigenen Weg geht und sich eine Zukunft aufbaut. Auf den Schutz der Gastfamilie kann sie nicht mehr zählen. Sie muss schauen, wie sie nun allein zurechtkommt und wie es ihr gelingen kann, ihre Träume zu verwirklichen.

Es ist das Jahr 2001, Sylvie Brou ist mittlerweile 22 Jahre alt. Ihr Ziel, die deutsche Sprachprüfung am Max-Weber-Haus in Heidelberg abzulegen, um damit die Studienberechtigung für eine deutsche Hochschule zu erhalten, rückt in greifbare Nähe. Ihr Wunsch ist es, Deutsch als Fremdsprache zu studieren.

Zwischenzeitlich lebt Sylvie Brou in der Nähe von Stuttgart. Sie ist selbstbewusst, kommt sehr gut allein zurecht und pflegt ihren kleinen Freundeskreis. Doch das Leben hält, wie so oft, auch für sie eine überraschende Wendung bereit. 2001 wird sie Mutter einer kleinen Tochter. »Es ist immer mein Wunsch gewesen, irgendwann Kinder zu haben, also warum nicht jetzt, sagte ich mir damals«, erzählt sie strahlend.

Ihr Leben verändert sich, die Herausforderungen wachsen. Doch mit Furcht und Sorge der Zukunft entgegenblicken, das will die junge Frau nicht, weder für sich noch für ihre Tochter. Und das wäre auch nicht im Sinne ihres Vaters, der nach wie vor fest an sie glaubt. Sylvie ist entschlossen, ihren Weg zu gehen. Auch wenn ihre kleine Tochter zart ist und viel Zuwendung braucht. Die Eigenschaften ihrer Eltern sind nun gefragt – Stärke und Kampfgeist.

Mit dem Kind im Arm konzentriert sich die junge Mutter auf ihre Deutschprüfung. »Das Internet war mein Lernpartner, anders ging es mit meinem Baby nicht. Ich bereitete mich zu Hause auf die Prüfung vor«, berichtet sie, als wäre diese doppelte Aufgabe nichts Besonderes. Und wie so oft gelingt es ihr, ihr Ziel zu erreichen. Sie absolviert die Prüfung mit Bravour.

2004 beginnt Sylvie Brou an der Universität Heidelberg ihr langersehntes Studium für Deutsch als Fremdsprache. Finanzielle Unterstützung erhält sie nicht. Sie nimmt Nebenjobs an, arbeitet als Übersetzerin, Haushaltshilfe und Reinigungskraft, ohne je zu klagen. »Ich habe mich für dieses Leben entschieden«, sagt sie, »für Klagen gab es keinen Grund.«

Die Tage sind ausgefüllt mit Universitätsstudium, Jobs und der Verantwortung für ihre kleine Tochter. Für Sylvie Brou trotz aller Stärke und positiven Lebensbetrachtung ein Spagat, der ihr viel Energie und Organisationstalent abverlangt. Ein Spagat, den sie zunächst auch sehr gut bewältigt, weil alles funktioniert, sie selbst, ihre kleine Tochter, der Freundeskreis, der immer mal bei der Kinderbetreuung aushilft. Doch mit der Zeit wird der Kraftakt zu groß. Die junge Mutter steht vor einer Entscheidung. Es sind Prüfungen zu schreiben, Vorlesungen zu besuchen, sie muss Geld verdienen und ihre Tochter versorgen. Sylvie Brou schafft das alles bis zum Vordiplom. Dann entschließt sie sich, eine Pause einzulegen, das Studium für ein, zwei Semester auszusetzen. Ihre Tochter hat nun Priorität, und der Kleinen tut das sehr gut.

Licht am Ende des Tunnels

Es vergehen zwei Jahre. Sylvie Brou macht sich Gedanken über ihre berufliche Zukunft. Ihr Studium will sie nicht mehr aufnehmen. Aber sich immer nur mit irgendwelchen Jobs durchhangeln, ohne Ausbildung, das will sie auch nicht. Sie braucht eine Perspektive, will sich weiterentwickeln. Sie beginnt sich umzuhören. In einem sozialen Dienstleistungsunternehmen der Stadt Heidelberg findet sie eine Beratungsstelle, in der sie über ihren Werdegang berichten kann. Große Hoffnung hat sie nicht, über diesen Weg an eine Ausbildung zu kommen. Doch die Mitarbeiterin, der sie ihre Geschichte anvertraut, ist ihr sehr zugewandt. Sie erkennt die Situation, in der sich die junge Frau befindet, sieht ihr Potenzial, ihre Kompetenzen. Sie ist entschlossen, Sylvie Brou zu unterstützen. Auf ihre Vermittlung hin erhält Sylvie Brou bei der Stadtverwaltung Heidelberg einen Gesprächstermin. Dieser Termin entpuppt sich als glückliche Fügung, denn dort wird Sylvie Brou vorgeschlagen, sich auf eine Ausbildungsstelle für Bürokommunikation zu bewerben. »Das war absolut die Gelegenheit für mich«, erzählt sie noch heute mit Begeisterung, »da konnte ich nicht nein sagen, ich habe mich sofort beworben und die Ausbildung im September 2008 begonnen.«

Die Ausbildung bereitet ihr Freude und verläuft problemlos. Es sei ihr immer wichtig gewesen, berichtet Sylvie Brou, dass sie all ihre Kompetenzen und Fähigkeiten zeigen konnte. Diese Zeit sei sehr schön gewesen, sagt sie rückblickend, schlechte Erfahrungen aufgrund ihrer Hautfarbe habe sie nie gemacht. Natürlich, berichtet sie weiter und wirkt dabei zum ersten Mal nachdenklich während unseres Gespräches, musste sie als Schwarze mehr auf die Menschen zugehen und sich offener zeigen. Diesen

Eindruck habe sie jedoch schon bei ihrer Ankunft in Deutschland gehabt.

»Es war üblich, dass wir als Auszubildende alle Abteilungen der Stadtverwaltung durchliefen. Ich bin eine kleine Frau, man kann mich auch trotz meiner Hautfarbe übersehen. Das habe ich aber nicht zugelassen, dafür bin ich zu stolz. Immer, wenn ich in eine neue Abteilung kam, habe ich mit geraden Schultern, hocherhobenen Hauptes und mit einer neuen, sehr schönen Frisur dort angefangen. Das hat mir Energie und Mut gegeben.«

Diese Einstellung habe sie auch an ihre Tochter weitergegeben: stolz auf sich zu sein und Selbstwert zu empfinden. »Du hast allen Grund dazu«, habe sie zu ihr gesagt, »stolz auf dich und deine Hautfarbe zu sein. Denn so, wie du bist, bist du sehr schön. Also lass niemals deinen Kopf hängen beim Gehen. Zieh niemals deine Schultern hoch oder laufe gebückt. Zeig dein Gesicht, schau geradeaus und lächle. Sei niemals negativ.«

Erfolgreich beendet Sylvie Brou im Jahr 2011 ihre Ausbildung. Doch eine feste Stelle fügt sich nicht nahtlos an. Geduld ist wieder gefragt. Zu Hause zu sitzen und abzuwarten, ist für Sylvie Brou auch dieses Mal keine Option. Sie macht ein Praktikum in einem Amtsgericht, belegt Kurse, ist bestrebt, sich immer weiter fortzubilden. 2012 erhält sie dann ihre erste Stelle in einem Personalamt der Stadt Heidelberg. Sie muss sich einarbeiten, eine Menge Arbeit erwartet sie. Doch sie bleibt nicht lange auf dieser Stelle, denn eines Morgens erhält sie einen Anruf. In einem Schulsekretariat werde dringend eine Krankenvertretung benötigt, sie möge kurzfristig einspringen. »Und nach der Vertretung«, sagt sie, wieder lachend, »bin ich geblieben.«

Gern erinnert sie sich an ihren ersten Arbeitstag an dieser Schule. Die Schulleitung und das Kollegium hätten sie sehr herzlich empfangen, sie habe sich deshalb sofort wohlgefühlt. Natürlich habe sie gemerkt, dass auch hier alle sehr neugierig auf sie waren. »Durch das Kollegium ging ein Raunen«, berichtet

Sylvie Brou, »das war ein bisschen wie: ›Wow, was Neues!‹ Denn bislang waren dort ja alle weiß gewesen. Und jetzt stand da eine Schwarze Frau mit einer auffälligen, interessanten Frisur und einem strahlenden Gesicht. Das war für alle eine ganz neue Situation. Ich war mal wieder die Einzige mit der anderen Farbe, mit der anderen schönen Farbe«, fügt sie fröhlich hinzu.

Beidseitige Erwartungen

Sylvie Brou sagt, dass sie schon eine Weile in der gleichen Gegend lebe. An den Gesichtern könne sie inzwischen gut erkennen, ob es die Menschen ehrlich mit ihr meinen. »Ich habe die verschiedensten Gesichtsausdrücke hier kennen- und deuten gelernt. Ich sehe sofort, ob ich willkommen oder meinem Gegenüber zu viel bin. An der Schule damals war ich den meisten willkommen, sie haben sich gefreut.«

Sylvie Brou wird buchstäblich ins kalte Wasser geworfen, denn eine Einarbeitung erhält sie an ihrem neuen Arbeitsplatz nicht. Sie ist auf sich allein gestellt. Wenn sie sich Vorgänge nicht erklären kann, ruft sie Kolleginnen und Kollegen in der Stadtverwaltung an. Auch hier habe sie sich nie geschämt zu fragen, wenn sie etwas nicht wusste. Warum auch, schließlich sei sie neu in diesem Arbeitsfeld gewesen, habe diese Arbeit zuvor noch nie gemacht. Im Gegenteil, erzählt sie weiter, sie sei ehrlich gewesen und habe zugegeben, dass sie die Vorgänge nicht kenne. Und jede Person, die sie gefragt habe, habe freundlich reagiert und sie umstandslos unterstützt. Das sei nicht unbedingt selbstverständlich. Es hätte sie nicht gewundert, wenn sie einmal abgewiesen worden wäre, im Sinne von: Soll sich die Neue doch selbst helfen.

Eines Tages spricht ihre Schulleitung sie an, fragt, ob sie nicht dauerhaft bleiben wolle. Die Stelle würde frei werden und sie könne einen unbefristeten Vertrag erhalten. Eine Schwarze Schulsekretärin an einer deutschen Schule? Sylvie Brou freut sich sehr, aus der Vertretungsstelle wird eine Festanstellung, zwar in Teilzeit, dennoch, der erste Schritt in die finanzielle Unabhängigkeit ist nun getan.

In ihrem Leben habe sie Unterstützung von einigen Menschen erfahren, diese Schulleitung gehörte definitiv dazu, sagt Sylvie Brou im Rückblick. Ob es denn auch Menschen gegeben habe, die sich ihr gegenüber weniger freundlich und wohlwollend verhalten und ihr das Leben somit nicht leichtgemacht hätten, will ich wissen. Ihre Antwort klingt philosophisch. »Wissen Sie, wenn man gar keine Erfahrung mit Weißen hat, denkt man anfangs, dass man schlecht behandelt wird. Aber wenn man bereit ist, die Menschen besser kennenzulernen, denkt man anders.«

Klar, betont sie, könne es auch Situationen geben, in denen das Verhalten von Weißen ihr gegenüber negativ ausfällt. Nur würde sie solche Vorkommnisse nicht sofort als gegen sich und ihre Hautfarbe gerichtet empfinden. In solchen Situationen sage sie sich, dass die Art und Weise des anderen nicht zwingend etwas mit ihr zu tun haben muss. Das sei zwar schade, aber nicht jeder Mensch sei offenen Geistes. Die Menschen seien nun mal alle unterschiedlich.

So zu denken, sei ein Prozess gewesen, fügt Sylvie Brou hinzu. Früher hätte sie vielleicht die eine oder andere Situation als schlechte oder gar rassistisch diskriminierende Erfahrung verbucht, heute bezeichne sie so etwas lediglich als Lektion. Für das Leben, das sie und ihre Tochter heute führen, seien harte Arbeit und Durchhaltevermögen notwendig gewesen. Ihre positive Lebenseinstellung wolle sie sich nicht durch das merkwürdige Verhalten anderer nehmen lassen. »Beurteile ich das Verhalten anderer mir gegenüber als negativ, beeinflusst das mein Denken, meine Gefühle, und es zieht mich runter. Und das will ich nicht. Ich mache stets das Beste aus allem, denke positiv und lächle.«

Ihre Worte lassen große Empathie erkennen. Sylvie Brou bestätigt das, sie könne sich gut in ihr Gegenüber hineinversetzen, dessen Perspektive einnehmen und Erwartungen nachempfinden.

Sie verstehe es auch, wenn jemand sich aufgrund seiner persönlichen Situation mal nicht so verhalte, wie sie es sich wünschen würde. Aber dann sei es ihr wichtig, selbst nicht negativ darauf zu reagieren.

Ihre Arbeit bringe es mit sich, dass sie unglaublich viele unterschiedliche Menschen kennenlerne, ob im direkten Kontakt oder telefonisch. »Auf meiner Stelle bekomme ich alles ab, egal, ob Gutes oder Schlechtes, das ist in Sekretariaten nun mal so.« Sie habe ihre Art gefunden, damit umzugehen, wenn sie merke, dass jemand negativ gestimmt auf sie zukommt. »Mein Lächeln ist meine Waffe, ich lächle auch am Telefon, das spüren die Menschen am anderen Ende.«

Manchmal werde sie am Telefon angeschrien, dann bleibe sie ganz ruhig, bis die Person frage, ob sie noch am Telefon sei. »Ja«, antworte sie dann höflich und klar, »wenn Sie aufhören zu schreien, kann ich auch etwas sagen und wir finden gemeinsam eine Lösung für Ihr Anliegen.« Meistens würden die Leute dann besänftigt reagieren. Sie könne aber auch laut und temperamentvoll sein. Mit aufgebrachten Menschen zu diskutieren, bringe jedoch gar nichts. Am Telefon habe sie noch niemand negativ auf ihre Hautfarbe angesprochen. Bei manchen höre sie dennoch heraus, besonders wenn sie aus irgendeinem Grund sehr verärgert seien, dass es sie nerve, es mit einer Schwarzen zu tun zu haben. Sie würden es zwar nicht aussprechen, aber den Vorbehalt »Du Schwarze, was willst du mir erzählen?« würde sie zwischen den Zeilen dennoch deutlich hören. Hätten diese Menschen die Gelegenheit, da ist sich Sylvie Brou sicher, würden sie ihr den Satz auch ins Gesicht sagen. Doch auch in solchen Situationen gibt sie ihr Lächeln nicht auf. Geht die Person während des Telefonates jedoch über Grenzen, passiere es schon mal, dass sie das Ganze beende. »Dann sage ich: Ich höre, Sie sind sehr aufgeregt. Wenn Sie sich wieder etwas beruhigt haben, rufe ich Sie gerne zurück oder Sie melden sich noch mal bei mir.«

Während Sylvie Brou von diesen Situationen berichtet, bleibt sie gelassen. Es wird ganz klar, dass sie sich von solchen Begebenheiten nicht von ihrem positiven Lebenskonzept abbringen lässt.

In der Gesellschaft zu Hause

Auf ihr Privatleben angesprochen, erklärt Sylvie Brou, dass sie mehr Weiße als Schwarze in ihrem Umfeld habe. Sie meint, das resultiere daraus, dass ihr immer sehr daran gelegen sei, ihre deutschen Sprachkenntnisse weiter zu verbessern. Deutsch könne sie nun mal am besten mit Muttersprachlerinnen und Muttersprachlern lernen. Und in ihrem Beruf sei sie darauf angewiesen, Deutsch zu beherrschen. Sie habe auch den Eindruck, dass bei ihr als Schwarzer die Erwartungen höher seien, sie sich mehr anstrengen müsse, weil man ihr Fehler weniger nachsehe. Das sei zwar irgendwie paradox, doch ihre sprachlichen Kompetenzen müsse sie immer wieder unter Beweis stellen. Aus diesem Grund versuche sie täglich dazuzulernen.

Eine schöne Gelegenheit des Dazulernens ergibt sich im Jahr 2016. Eine Fraktion ist auf der Suche nach Unterstützung, die für ein paar Stunden im Sekretariat aushilft. Dieses Angebot kommt Sylvie Brou sehr entgegen, da sie zu diesem Zeitpunkt noch in Teilzeit arbeitet. Mit dem Job beginnt sie sich für Politik zu interessieren. So entsteht die Idee, sich 2019 als Kandidatin für den Heidelberger Gemeinderat aufstellen zu lassen. Kaum hängen die ersten Plakate, wird sie von Bürgerinnen und Bürgern nach ihrer Motivation gefragt.

»Auch hier«, sagt Sylvie Brou, »habe ich wieder die Neugier der Leute gespürt, aber sie war positiv. Die Menschen wollten etwas über mich und meine Beweggründe, mich politisch in dieser Stadt zu engagieren, erfahren. Es ergaben sich viele gute Gespräche.«

Es hat sie dennoch überrascht, dass sie mehrere tausend Stimmen erhielt. »Ich lebe seit Jahren in Heidelberg, und es ist gut, dass ich mich für diese Stadt, in der ich zu Hause bin, einsetze.« Es sei ihr wichtig, als Schwarze Heidelbergerin sichtbar zu sein, fügt sie an, die Zeit des Wahlkampfes habe ihr sehr viel gegeben.

Wir kommen noch einmal auf ihren Freundeskreis zu sprechen. Natürlich habe sie auch Freunde von der Elfenbeinküste, sagt sie, nur würden sie miteinander Französisch sprechen, was ihr in ihrem Alltag nichts nütze. Wenn man in einem anderen Land lebe und ernst genommen werden wolle, betont Sylvie Brou, müsse man auch die Landessprache beherrschen. Und dafür sei es nicht hilfreich, wenn man sich nur in seiner Muttersprache unterhalte. Natürlich liebe sie auch die Gelegenheiten, wie Feiern oder religiöse Feste, zu denen sie gehe, um mit ihren Landsleuten, die wie Geschwister für sie seien, zusammen zu sein.

Die nächste Generation

Sylvie Brous ganzer Stolz ist ihre Tochter. Aus einem zurückhaltenden Mädchen sei eine selbstbewusste junge Frau geworden. Sie sei nie geknickt nach Hause gekommen, wenn es in der Schule mal weniger schöne Situationen gegeben habe. Im Gegenteil, auch sie habe sich nie das Lächeln nehmen lassen. »Du kannst die Menschen nicht ändern«, habe sie ihrer Tochter dann stets erklärt, »es liegt allein bei dir, ob du dich durch diese Situation kleinmachen lässt.«

Es sei ihr immer wichtig gewesen, ihrer Tochter klarzumachen, dass sie weder ihre Hautfarbe noch die Menschen ändern könne. Das Einzige, was sie den Menschen abverlangen könne, sei, sie mit Respekt zu behandeln. Manchmal beobachte sie, wie gut sich ihre Tochter in Situationen durchsetzt, in denen sie sich als Schwarze behaupten muss. Dann sei sie besonders stolz auf sie. Ihre Tochter sage dann bloß: »Mama, das hast du mir doch beigebracht, ich bin wie du!«

Sylvie Brou ist eine beeindruckende und inspirierende Frau. Von ihrer Kraft und ihrem Lebensmut handeln auch die Gedichte, die sie über das Schwarzsein schreibt, gewidmet der wichtigsten Person in ihrem Leben, ihrer Tochter.

Keno Veith,
KFZ-Mechaniker
und Blogger,
Asel, Ostfriesland/
Niedersachsen,
mit Wurzeln in
Kamerun, Zentral-
afrika

De Schwatten Ostfrees Jung

Keno Veith, KFZ-Mechaniker und Blogger

»Moin!«

Ich bin mit Keno Veith zum Telefonieren verabredet. Er begrüßt mich mit einem schallenden »Moin«. Zwar habe ich über Social Media bereits mitbekommen, dass dies der typische Gruß des Mannes ist, der aussieht wie Mr. T und klingt wie ein waschechter Ostfriese, doch selbst erlebt, wirkt die Begrüßung noch mal anders. Fast wie ein Schlachtruf. Oder wie die Ansage, dass gute Laune und Energie unser Gespräch untermalen werden.

»Moin«, wiederholt er und schließt sogleich ein »Yo, wie geht's?« an. Plattdeutsch und kehliges Lachen wechseln sich bei ihm ab. Ich frage, ob es ihm zeitlich passt, zwar sind wir verabredet, doch ich habe den Eindruck, dass er noch mit einer seiner Landwirtschaftsmaschinen unterwegs ist. »Yo, klar doch«, antwortet er fröhlich. Schnell begreife ich, dass mein Gesprächspartner eine wahre Frohnatur ist und ganz im Hier und Jetzt lebt. »Oh ja«, bestätigt er mir, »ich bin immer gut drauf, etwas anderes gibt's nicht.«

Was er denn gerade mache, möchte ich wegen der Hintergrundgeräusche wissen. Er sei auf dem Weg nach Hause und sitze, was er am liebsten mache, in einem seiner

Landwirtschaftsfahrzeuge. Die Landwirtschaft, stellt Keno Veith gleich klar, sei zwar sein Beruf, aber eigentlich mehr noch sein Hobby. Schon als Kind habe er sich nichts anderes vorstellen können, als in der Landwirtschaft zu arbeiten. Ein Leben in der Stadt, das habe er früh erkannt, sei ganz und gar nichts für ihn. Er gehöre aufs Land, zu seinen Fahrzeugen, zu seinen Leuten, zu der Beschaulichkeit. Hier sei er aufgewachsen, er kenne gar nichts anderes.

Bevor Keno Veith weiter vom Landleben schwärmt, möchte ich wissen, wie es überhaupt dazu gekommen ist, dass er dort in Asel, Ostfriesland, lebt. Mich interessieren seine Wurzeln, das Land seiner Eltern. Denn so viel weiß ich bereits, seine Mutter stammt aus dem zentralafrikanischen Kamerun.

Der Anfang

Geboren wird Keno Veith 1981 im niedersächsischen Wittmund, Ostfriesland. Sein Vater, ein weißer deutscher Agraringenieur, reist Ende der 1970er-Jahre als Entwicklungshelfer nach Kamerun. Dort lernt er Kenos Mutter kennen, sie beschließen, eine gemeinsame Zukunft zu starten und ziehen kurz vor Keno Veiths Geburt nach Deutschland. Als Keno Veith zur Welt kommt, ist er das einzige Schwarze Kind in dem Dorf, seine Mutter die einzige Schwarze Frau in der Umgebung.

Natürlich könne er sich nicht an seine Kleinkindzeit erinnern. Doch wurde ihm immer berichtet, dass die junge Familie gut aufgenommen worden sei. Es sei schon so gewesen, dass der Anblick von Schwarzen eher ungewöhnlich war. Doch die Menschen seien herzlich zu ihnen gewesen. Und schon kommt er wieder ins Schwärmen. »Auf dem Dorf«, und daran lässt er keinen Zweifel, »nimmt jeder jeden auf. Was anderes gibt es hier gar nicht. Ich hatte eine schöne Kindheit, und auch meine Mutter wurde von ihren weißen Schwiegereltern liebevoll in die Familie aufgenommen.« Sein Vater habe sie dabei unterstützt.

Zum ersten Mal wird sein Ton ernster. »Mir wird oft die Frage gestellt, ob mein Vater mich adoptiert hätte.« Er habe zwei jüngere Geschwister, die eine wesentlich hellere Haut hätten als er. Ich denke kurz darüber nach. Selbstverständlich sehen wir Schwarze nicht alle gleich aus, sondern jeweils abhängig von den Wurzeln unserer Elternteile. Auch können Geschwister mit denselben Elternteilen einen unterschiedlichen Hautton haben. Wäre es deshalb ungewöhnlich, dass Keno Veith der Sohn einer Schwarzen und eines Weißen ist? Ich höre ihm aufmerksam zu, möchte seine persönliche Grenze wahren, sie nicht mit meinen Fragen überschreiten.

»Ich bin dieser Frage, ob ich adoptiert wurde, nie nachgegangen. Weißt du, es ist mir egal, ob er mein leiblicher Vater ist oder nicht. In unserer Familie interessiert das keinen. Für mich ist er mein Vater, und nur das zählt.« Darauf lassen wir es beruhen, denn ich merke, dass er zu diesem Thema gerade weit mehr gesagt hat, als es sonst seiner Art entspricht. Seine Worte bezeugen Herzenswärme, Dankbarkeit und Liebe für den Mann, der seit nunmehr 40 Jahren sein Vater ist. Für seine Offenheit bin ich Keno Veith sehr dankbar.

Er erzählt mir von seiner Grundschulzeit. Dass er anders ausgesehen habe als die anderen Kinder, habe er früh gemerkt, er habe immer viel Aufmerksamkeit auf sich gezogen. Das hätte jedoch nicht nur an seiner Hautfarbe gelegen, sondern auch daran, dass er bereits als kleiner Junge ausgesehen habe wie die bekannte Serienfigur Mr. T. »Die Freundin meiner Mutter hat mich schon so genannt, als ich fünf oder sechs Jahre alt war. Seitdem habe ich diesen Spitznamen.« Bei seiner kräftigen Figur und der markanten Frisur wundert mich dieser Spitzname nicht.

Seine Hautfarbe sei nach einiger Zeit kein Thema mehr gewesen. Klar habe man noch Spiele wie »Wer hat Angst vorm schwarzen Mann?« gespielt. Und zu behaupten, man sähe die Hautfarbe nicht, sei auch Quatsch, findet er. Die Menschen seien ja nicht blind. Dennoch habe er nie das Gefühl gehabt, dass man ihn negativ markieren oder gar beleidigen wollte. Im Gegenteil, Konflikte mit seinen Mitschülerinnen und Mitschülern oder mit Lehrkräften habe es wegen seiner Hautfarbe nie gegeben. Er habe jedoch beobachtet, wie mit Schülerinnen und Schülern umgegangen worden sei, die nach und nach in das Dorf zugezogen waren und andere Wurzeln hatten. Obwohl diese im Gegensatz zu ihm eine helle Haut hatten, sprachen sie kein oder nur sehr schlecht Deutsch. Sie seien weniger anerkannt gewesen, nahezu ausgegrenzt worden. Das sei ihm nie passiert.

Für Keno Veith hat das einen einfachen Grund: »Ich bin hier geboren und aufgewachsen, ich war einer von ihnen. Die anderen kamen von außen, waren Fremde, das hat man sie auch spüren lassen.«

Keno Veith wächst auf dem Bauernhof seiner Großeltern auf. Schon früh entdeckt er seine Begeisterung für die unterschiedlichen Aufgaben in der Landwirtschaft, hilft mit, sitzt in den Landmaschinen, lauscht dem Plattdeutsch der Erwachsenen. Ihm sei es immer wichtig gewesen, den Durchblick zu haben, zu verstehen, was um ihn herum vor sich geht. Erwachsene, die sich in seiner Gegenwart in einer Sprache unterhalten, die er nicht versteht? Für Keno Veith ein Impuls, diesen Dialekt erlernen zu wollen. Er beginnt die Erwachsenen nach den plattdeutschen Begriffen auszufragen, schließlich betrachtet er sich als einen von ihnen und will auch so sprechen können wie sie. Und so kommt es, dass er irgendwann fließend Plattdeutsch spricht. Der Schwarze, der aussieht wie Mr. T und redet wie ein waschechter Ostfriese, das hat einfach was.

Nicht schnacken, einfach machen!

Nach der sechsten Klasse kommt Keno Veith auf die Realschule, er hat jedoch keine große Lust, zu lernen und wechselt auf die Hauptschule. Er macht seinen Hauptschulabschluss und hat nur ein Ziel: als Maschinenführer in einen Lohnbetrieb zu gehen. Sein Motto lautet: Mit wenig Aufwand möglichst viel erreichen. So beginnt Keno eine Ausbildung zum KFZ-Mechaniker und ist dermaßen motiviert, dass er sie aufgrund seiner hervorragenden Leistungen um ein Jahr verkürzen kann. »Das ist typisch für mich«, meint er lachend, »ich bin ein ungeduldiger Mensch, wenn ich mir etwas in den Kopf gesetzt habe, will ich das auch möglichst schnell erreichen.«

Nicht schnacken, einfach machen, lautet sein anderes Motto, an dem er sich schon sein ganzes Leben lang ausrichtet. Viele Menschen würden immer nur reden, aber letztlich nichts bewegen, erklärt er. Das sei ihm zuwider.

Mit seiner erfolgreich abgelegten Gesellenprüfung ist er seinem beruflichen Ziel nun ein ganzes Stück näher. Ich kann mir jedoch schwer vorstellen, dass sich Keno Veith als Jugendlicher tatsächlich nur für Landmaschinen interessiert hat. »Doch«, schallt es mir entgegen, »das war absolut mein Ding. Aber ich habe natürlich auch andere Sachen gemacht.«

Er erzählt mir, dass er Bandmitglied war, noch heute mache er ab und an Musik. Und ich erfahre von seiner Leidenschaft für Motorräder, bei gutem Wetter setzt er sich gern spontan mal auf seine Maschine und fährt einfach los. Ich frage, ob er denn auch mit anderen Schwarzen befreundet gewesen sei. Ich stelle mir vor, dass der Austausch wichtig ist. Immer nur der einzige Schwarze zu sein, da könne man sich doch schon mal einsam fühlen. Und jeder junge Mensch benötige schließlich ein außerfamiliäres Spiegelbild.

Nein, antwortet mir Keno Veith, er habe so gut wie keine anderen Schwarzen gekannt, und das habe sich bis heute auch nicht wirklich geändert. 2020 habe man ihn im Zuge der Black-Lives-Matter-Bewegung angesprochen und gebeten, sich zum Thema Alltagsrassismus zu äußern, er sollte von seinen Problemen als Schwarzer in Deutschland berichten, im Namen anderer

Schwarzer Stellung beziehen. Schließlich sei er doch über Social Media bekannt, habe eine gewisse Reichweite, die er zugunsten der Sache nutzen sollte.

Der Punkt sei jedoch, so stellt Keno Veith es mir gegenüber klar, dass er keinen Alltagsrassismus kennt und somit auch nicht von entsprechenden Problemen berichten kann. Es sei eher so, dass die einzigen Spannungen, die er bis heute habe, die mit anderen Schwarzen Deutschen seien. Sie könnten einfach nicht verstehen, dass er zu dieser Thematik nichts Negatives aus seinem Leben beizutragen habe. »Ich hasse es, mich vor einen Karren spannen zu lassen, das führt nur zu Konflikten. Ich bin dankbar für mein Leben, so wie es ist, und Schluss. Warum soll ich Konflikte erfinden, wenn ich nun mal keine habe?« Das verstehe ich gut und kann seinen leichten Unmut auch nachvollziehen. Es ist auch nicht immer notwendig, so denke ich, von allen Menschen verstanden werden zu wollen.

Die Gesellenprüfung in der Tasche, überlegt der junge Keno Veith, wo er nun arbeiten könnte. Und er fasst einen außergewöhnlichen Entschluss. Anfang 2002 beschließt er, zur Bundeswehr zu gehen, um seinen Grundwehrdienst abzuleisten. Ich staune nicht schlecht. Wollte er nicht so schnell wie möglich als KFZ-Geselle in einem Lohnbetrieb mit Landwirtschaftsmaschinen arbeiten? Stattdessen zur Bundeswehr, und das als Schwarzer? Er sei sofort genommen worden, erzählt Keno Veith, und habe sich gefreut, seinen Dienst in der norddeutschen Stadt Heide ableisten zu können.

»Ich brauchte mal etwas anderes«, fügt er erklärend hinzu, es sei dann eine seiner besten Zeiten gewesen. Noch gut erinnere er sich an den Tag seiner Ankunft. Im Ghettolook, ohne Personalausweis, ganz zu schweigen vom Einberufungsbescheid. Das sei eine Katastrophe gewesen, schrecklich, wie er im Nachhinein findet. Er glaubt, der Schublade, dem Stereotyp des chaotischen Schwarzen, damit entsprochen zu haben. Was er sich bei dem peinlichen Auftritt gedacht habe, könne er bis heute nicht sagen. Aber es sei dann trotzdem alles gut gegangen. Zum Glück habe man ihn nicht weggeschickt. Auf die dreimonatige Grundausbildung folgte ein sechsmonatiger Grundwehrdienst. Als deutscher Staatsbürger die Uniform tragen zu dürfen, habe ihn mit Stolz erfüllt. Gerne würde er künftig als Reservist tätig sein.

Sein Umfeld habe ihn davor gewarnt, als Schwarzer zur Bundeswehr zu gehen. Aber er habe jeden beruhigen können. Schlechte Erfahrungen habe er bei der Bundeswehr zu keinem Zeitpunkt gemacht. Im Gegensatz zu den Erwartungen aller könne er von dieser Zeit nur schwärmen. Keno Veith erzählt mir eine Episode, um dies zu veranschaulichen. Zu Beginn habe die Wahl der Vertrauensperson stattgefunden. Zwei Kandidaten hätten zur Verfügung gestanden. Beide seien gut vorbereitet gewesen. Jedoch brauchte es insgesamt drei Kandidaten. Also, »Nicht schnacken, einfach machen«, habe er sich spontan aufstellen lassen. Eine kernige Ansprache an die Rekruten, und gut war's, typisch Keno Veith eben.

Von 150 Stimmen habe er dann über 120 erhalten. Das Ergebnis habe ihn selbst überrascht. Die Arbeit als Vertrauensperson habe ihm viel Freude bereitet und er habe viel gelernt. Sie habe ihm Zugang zu Bereichen innerhalb der Bundeswehr ermöglicht, in die er sonst keinen Einblick erhalten hätte. Auch habe er Menschen des öffentlichen Lebens kennengelernt, mit denen er sonst kaum in Berührung gekommen wäre. Insgesamt eine Zeit, die er nicht missen möchte.

Im September 2003 endet die Zeit in der Bundeswehr, und es folgt der Einstieg in das Berufsleben. Zunächst macht sich Keno Veith gemeinsam mit einem Freund mit einer KFZ-Selbsthilfewerkstatt, in der jede und jeder mit Unterstützung Autos, Motorräder, Landmaschinen reparieren kann, selbstständig. Diese Unternehmung währt ein Jahr. Danach fängt er in einer Brauerei an, arbeitet im KFZ-Bereich, um schließlich seine berufliche

Erfüllung zu finden. Keno Veith erhält eine Stelle als Fahrer in einem Lohnbetrieb und wird somit als Dienstleister in der Landwirtschaft für andere Landwirtinnen und Landwirte tätig. Wer in der Landwirtschaft die Unterstützung von schwerem Gerät benötigt, setzt sich mit ihm in Verbindung.

Ein Leben als Blogger

Inzwischen ist Keno Veith auch ein bekannter Blogger. Ich möchte wissen, wie es dazu gekommen ist. Immerhin konnte ich nachlesen, dass er weit über die landwirtschaftlichen Grenzen hinaus als Schwarzer Landwirt Prominenz erreicht hat. Dass er allerdings kein Landwirt ist, habe ich in unserem Gespräch schon gelernt. »Ne«, sagt Keno Veith und lacht wieder kehlig, »viele Leute meinen, ich sei Landwirt, aber das ist falsch. Ich bin Lohnarbeiter, oder besser gesagt, Maschinenführer in der Landwirtschaft, und da lege ich großen Wert drauf.« Keno Veith sieht sich auch nicht als Blogger, sondern eher als Content Creator und Blogger.

Aber wie kam es nun zu dieser Bekanntheit? Keno Veith erzählt mir die Geschichte, die alles ausgelöst hat. Er sei auf dem Feld bei der Maisernte gewesen, 2017 war das, bei richtigem »Schietwedder«. Seine Kollegen seien schon vorausgefahren, da sei sein Landwirtschaftsfahrzeug auf dem Feld plötzlich stecken geblieben. Er konnte nichts anderes tun, als auf die Rückkehr seiner Kollegen zu warten, damit sie ihn aus dem Matsch herauszogen. Kurzerhand habe er mit seinem Smartphone ein Video von seinem Dilemma erstellt und das Ganze auf Plattdeutsch kommentiert. Das Video habe er einfach so auf YouTube eingestellt, ohne zu ahnen, welche mediale Wirkung es haben würde. Das Ausmaß der Aufmerksamkeit habe ihn völlig überrascht. Die Zahlen der Klicks auf YouTube und auf einer dann erstellten Fanpage explodierten innerhalb weniger Tage. Und damit nicht genug, saß er bereits kurze Zeit später in der NDR Talk Show, viele weitere Auftritte sollten folgen.

Ich frage Keno Veith, wie er sich seine enorme mediale Anziehungskraft erklärt. »Nun, die Leute lieben einfach diesen Schwarzen, Plattdeutsch sprechenden, gute Laune versprühenden ostfriesischen Mr. T.« Das leuchtet mir ein, doch sind seit diesem Clip bereits einige Jahre vergangen. Sowohl auf Instagram wie auf Facebook haben seine Accounts aber nach wie vor hunderttausend Followerinnen und Follower. Das Internet ist voll vom »Schwatten Ostfrees Jung«, wie er sich selbst nennt. Warum interessieren sich also so viele Menschen für diesen Mann? Keno Veith erzählt weiter, dass er jene Menschen, die sich eine nette afrikanische Geschichte von ihm erhofften, schnell enttäuschen musste. Er habe bei allem Humor den Menschen im Laufe der Zeit gezeigt, dass es auch einen ernsten Keno Veith gebe. Er könne sich sehr schnell auf Menschen einstellen, ihnen gut zuhören und ihre Perspektive einnehmen. Das spürten seine Fans. Er erhalte sehr viele Zuschriften von Menschen jeden Alters, mit unterschiedlichen Nationalitäten und den verschiedensten Lebensläufen. Die Menschen würden ihm ihre Lebensgeschichte erzählen und ihm berichten, wie sehr er sie mit seinen positiven Posts und Videos aufbaue. Eine Person schrieb ihm von ihren Depressionen und wie sehr die Videos dazu beitrügen, dass es ihr immer wieder gelang, ihre Gemütsverfassung zu überwinden. Das freue ihn, sagt Keno Veith und wirkt fast gerührt. »Das Gefühl, Menschen mit dem, was ich mache, zu inspirieren, zu stärken, bedeutet mir viel und gibt dem ganzen Mediending einen Sinn. Ich mache das alles nicht bloß, um ins Fernsehen zu kommen oder um im Internet zu glänzen, ich möchte etwas Sinnvolles bewirken.«

Er habe bereits einige Angebote für Reality-TV-Formate erhalten, die er bis jetzt immer dankend abgelehnt habe. Schließlich sei er in seiner Region schon vor der medialen Aufmerksamkeit bekannt gewesen und habe sich einen Ruf aufgebaut, den er nicht verlieren wolle. Auch sei er mittlerweile Vater von vier Kindern und wolle nicht, dass sich seine Kinder für ihren Vater schämen müssten. Von daher ein klares Nein zu diesen Formaten, vorläufig zumindest. Da müsste er viel zu viel über sein Privatleben preisgeben, über seine Kinder, und das wolle er nicht. Auch ich erfahre nicht mehr über Keno Veiths Familie, was schade ist, aber auch absolut verständlich.

Keno Veith engagiert sich auch für soziale Projekte und Kooperationen. So ist er im Rahmen des Projektes »Schule ohne Rassismus« Pate einer Papenburger Schule. Immer wieder wird er zum Gespräch mit den Schülerinnen und Schülern eingeladen. Er macht Veranstaltungen zum Thema »Sprache ist Lebenseinstellung«, erläutert Konzepte im Bereich »Nachhaltigkeit«, kooperiert mit Autohäusern und ist dabei, ein Modelabel zu gründen. Seine Blogs zu aktuellen Themen wie Corona sind genauso beliebt wie seine Ausführungen zur vernünftigen Nutzung von Social Media und seine regelmäßige Zusammenarbeit mit dem Fernsehmagazin Galileo.

»Es ist mir wichtig«, sagt er, »den jungen Menschen zu zeigen, dass man sich im Leben auch die Finger schmutzig machen muss, wenn man etwas erreichen will. Denn ohne harte Arbeit erreicht man nur sehr selten sein Ziel. Auch oder gerade, weil ich mit wenig Aufwand viel erreichen will, muss ich das, was ich tue, richtig gut machen.«

Es sei ihm wichtig, darzulegen, dass man Chancen, die man bekommt, nutzen muss. Diese Chance der Bekanntheit gebe es sicherlich kein zweites Mal. Aus diesem Grund nutze er sie jetzt so intensiv wie möglich. Trotzdem vergesse er nicht, woher er kommt und wer ihn im Leben begleitet hat. Auch warne er vor den sozialen Medien, die zwar ein wunderbares Marketing- und Kommunikationstool seien, aber eben nicht das reale Leben ersetzen.

Zurzeit habe seine Arbeitswoche sieben Tage, berichtet Keno Veith weiter. Die Medientätigkeit und die Kooperationen, aber auch die Arbeit im Lohnbetrieb füllten ihn komplett aus. »Alles cool, doch ich bin kein Superstar, der nichts Irdisches mehr benötigt. Ich bin Geschäftsmann und nutze meine Bekanntheit, um etwas Vernünftiges daraus zu machen. Und wenn mich Menschen als Vorbild sehen, dann soll es wohl so sein, dann finde ich das gut.«

Und wenn irgendwo Not ist, lässt sich Keno Veith nicht lange bitten, er packt mit an, ist zur Stelle. Als er im Sommer 2021 von den Ausmaßen der Flutkatastrophe in Rheinland-Pfalz erfährt, denkt er gar nicht lange nach. Mit schwerem Gerät und Kollegen im Schlepptau macht er sich auf den Weg ins Krisengebiet. Wo es nur geht, wo seine Arbeit benötigt wird, unterstützt er. »Ich tue hier nichts Gutes, ich tue etwas Selbstverständliches«, ein Satz, der Keno Veiths Einstellung spiegelt. Dass er Schwarz ist, interessiert in dem Krisengebiet niemanden. Dass die Menschen, die er unterstützt, weiß sind, interessiert Keno Veith am wenigsten. Menschen sind für Menschen da, Punkt! Auf seiner Website verkauft er seitdem gemeinsam mit einem Team von Unterstützenden Shirts und Capes. Der Erlös kommt den Menschen in Krisengebieten zugute.

Ich frage ihn noch einmal, ob er sich vorstellen könne, als Schwarzer Vorbild für andere Schwarze zu sein. Gerade die junge Generation von Schwarzen brauche andere Schwarze, an denen sie sich orientieren könne, die sie inspirieren. Diese Thematik sei ihm nach wie vor fremd, erwidert Keno Veith. Er sähe sich als Ostfriesen, wenn auch als Schwarzen Ostfriesen. Anderen Schwarzen könne er, wie gesagt, nun mal keine Tipps geben. Er sei zwar Schwarz, aber deshalb empfinde er keinen Unterschied zu anderen Deutschen.

Heimat bedeutet Identität

Das N-Wort oder der M-Kopf zum Beispiel würde ihm gegenüber sehr selten verwendet. Und wenn, dann störe ihn das nicht. Das erstaunt mich nun doch. Natürlich käme es immer darauf an, meint er einschränkend, wer es sagt. Alte Leute würden es nicht anders kennen, das sei die Prägung ihrer Generation. Er stünde darüber, verletzen könne man ihn mit so etwas nicht. Außerdem könne man niemandem verbieten, ein Dummkopf zu sein und sich niveaulos zu verhalten. Er selbst habe nie Identitätsprobleme gehabt und ignoriere diese Begriffe und mögliche damit verbundene Absichten. Das brächte er auch seinen Kindern bei. Aber mit Alltagsrassismus kenne er sich trotzdem nicht aus, weil es den in seiner Umgebung einfach nicht gebe. Ich merke, dieses Thema ist Keno Veith wirklich fremd.

Dennoch, sagt er und wechselt damit das Thema, vergesse er den afrikanischen Teil seiner Wurzeln nicht. Mit seinen Verwandten in Kamerun und Kenia stehe er über Social Media in Kontakt. Das sei sehr nett. Und seine Mutter wolle er mit einem Flugticket nach Kamerun überraschen. Gemeinsam mit ihr wolle er in ihre Heimat fliegen, um die Verwandten dort zu besuchen. Deren Leben interessiere ihn sehr, er würde gern einmal für kurze Zeit dort eintauchen.

Aber in Kamerun bleiben, das kommt für ihn derzeit nicht in Frage. Zwar habe er ständig Fernweh, weshalb ihn seine Oma scherzhaft als Vagabund bezeichnet. »Meine Heimat ist und bleibt Ostfriesland, und daran wird sich auch niemals etwas ändern. Ich bin zwar viel unterwegs, aber hierher komme ich immer wieder zurück«, sagt Keno Veith und lacht.

Isaac Boateng,
Industriekaufmann
und Sozialökonom,
Hamburg, mit
Wurzeln in Ghana,
Westafrika

Heimat ist dort, wo ich mich wohlfühle

Isaac Boateng, Industriekaufmann und Sozialökonom

Besucher im eigenen Büro

Wenn Isaac Boateng hinter seinem Schreibtisch sitzt, scheut sich der eine oder andere Antragsteller, die eine oder andere Antragstellerin, das Büro zu betreten. »Nein«, heißt es dann Richtung Flur, »das dauert noch, da sitzt noch einer drin.«

Diese Szene spielt sich wie ein schlechtes Wiederholungsprogramm immer wieder ab. Ein Hamburger Fachamt für Grundsicherung und Soziales, Sachgebiet Wohngeld, an einem ganz normalen Wochentag, es ist Sprechzeit. Isaac Boateng wartet auf die nächste Antragstellerin, den nächsten Antragsteller. Doch niemand traut sich in das Büro, denn da sitzt ja noch einer drin. Dass der, der da drinsitzt, nicht vor, sondern hinter dem Schreibtisch sitzt, scheinen die Menschen überhaupt nicht wahrzunehmen. Ein Schwarzer in einem Büro in einem Fachamt für Grundsicherung und Soziales, Abteilung Wohngeld, kann nur ein Antragsteller sein. Eine andere Erklärung hält die vorhandene Schublade nicht bereit.

Isaac Boateng, 1987 in Kumasi, bekannt als die Stadt der Aschanti-Kultur des westafrikanischen Landes Ghana, geboren, schildert mir diese Szene und ich merke ihm an, wie leid er solche

Situationen ist. Sich immer wieder legitimieren zu müssen, macht müde, ist enttäuschend, tut nicht gut. Der einstige Industriekaufmann meint dennoch entschlossen: »Diese Situationen nerven zwar wahnsinnig, aber unterkriegen lasse ich mich davon nicht.«

Ein besseres Leben

Seine Mutter, so erzählt Isaac Boateng, kommt Anfang der 1990er-Jahre nach Hamburg. Zunächst ohne ihn und seine Schwester, sie bleiben bei Verwandten in Ghana. Die Mutter will erst einmal die Lage in Deutschland sondieren. 1995 holt sie ihre beiden Kinder nach. Gleich nach der Ankunft ermahnt sie ihre Kinder: »Es ist wichtig, dass ihr einen guten Schulabschluss macht, um einen guten Beruf erlernen zu können.« Weder Isaac Boateng noch seine Schwester verstehen die deutsche Sprache. Sie begreifen jedoch schnell, wie schwer es für die Schwarzen Erwachsenen in ihrer Umgebung ist, eine Arbeit zu finden, die nicht körperlich belastend ist und ihre Gesundheit beeinträchtigt. »Meine Mutter und die meisten ihrer Bekannten kamen mit guten Ausbildungen nach Deutschland. Doch die nutzten ihnen nichts. Ohne Anerkennung ihrer Ausbildung blieb ihnen in Deutschland der Zugang zu ihren erlernten Berufen verwehrt, lediglich Reinigungs- und Aushilfsjobs konnten sie übernehmen. Das war sehr erniedrigend.«

Isaac Boateng und seine ein paar Jahre ältere Schwester kommen auf verschiedene Schulen. Für den Jungen keine leichte Situation, denn nun muss er ohne Unterstützung der großen Schwester den Schulalltag in diesem neuen, fremden Land bewältigen. Doch er erlernt die deutsche Sprache schnell, findet Freunde. Auch sie haben internationale Wurzeln. Natürlich, erzählt Isaac Boateng, hätten die anderen Kinder sich einen Spaß daraus gemacht, ihn bezüglich der Sprache anfangs zu piesacken. Sie bringen ihm Wörter anderer Sprachen bei und behaupten, es sei Deutsch. Er lernt diese Wörter, wendet sie an und muss herbe

Niederlagen einstecken. Das verwirrt den Achtjährigen. Doch in der Schule gibt er sich weiter Mühe, Fortschritte zu machen. In der Zwischenzeit erweitert sich die Familie, Isaac Boateng und seine Schwester bekommen einen kleinen Bruder.

Ich frage, ob es noch mehr Situationen in seiner Kindheit gab, in denen er sich als Schwarzes Kind »besonders« oder alleine gefühlt habe. Isaac Boateng winkt ab. Die meisten Kindheitserinnerungen habe er verdrängt. Bestimmte Situationen fallen ihm erst jetzt wieder ein, und er begreife, wie diskriminierend, abwertend, rassistisch vieles war. Auch in seiner Kindheit gibt es das Spiel »Wer hat Angst vorm schwarzen Mann?«. Auch er habe oft seine Handflächen vorzeigen müssen. Im Sportunterricht sei ausgerechnet er es gewesen, der in bestimmten Sportarten gut zu sein hatte, aber nicht wegen seines Talentes, sondern aufgrund seiner Hautfarbe. »Ist ein Schwarzer schnell, dann ist er schnell, weil er Schwarz ist. Ist ein Weißer schnell, dann ist er schnell, weil er viel trainiert hat.«

Isaac Boateng hasste es schon immer, in bestimmte Schubladen gesteckt zu werden. Er sei überzeugt, dass das System darauf ausgelegt sei, Kinder rassistisch zu sozialisieren, egal welcher Herkunft. Außerdem gebe es in seinen Augen keinen sogenannten positiven Rassismus. Ein Satz wie »Für einen Schwarzen sprechen Sie aber gut Deutsch« empfindet er als Beleidigung und nicht als Anerkennung. Dass es keine positive Aussage sei, zeige doch der Umkehrschluss, dass Schwarze generell aufgrund ihres Schwarzseins nicht in der Lage seien, richtig Deutsch zu sprechen. Dieser Vorbehalt käme auch ohne Kenntnis der Biografie der jeweiligen Schwarzen Person aus. Eine solche Äußerung sei für ihn abwertend und nicht hinnehmbar.

In seiner Kindheit werden übergriffige Erlebnisse jedoch nicht thematisiert. In der Familie blieb man als Schwarze unter sich. Die Mutter spricht lediglich Warnungen aus, ermahnt ihre Kinder, stets aufmerksam zu sein, Streit aus dem Weg zu gehen und sich auf das Wesentliche, die Schule, zu konzentrieren. Mit ihren Worten gibt sie ihren Kindern dennoch die erforderliche Stärke, damit diese in ihrem Alltag bestehen. Mit der Zeit besuchen noch andere Schwarze Kinder dieselbe Schule wie Isaac Boateng. Dass sie etwas älter sind, macht ihm nichts aus. Die Kinder und Jugendlichen verstehen sich, tauschen sich über ihre Erfahrungen aus, machen sich gegenseitig Mut, verteidigen sich, wenn es nötig ist. »Das hat gutgetan«, sagt Isaac Boateng rückblickend, »andere, fast gleichaltrige Schwarze um sich zu haben. Einen geschützten Raum zu haben und sich entfalten zu können, ohne Vorurteilen und Diskriminierungen ausgesetzt zu sein.«

Isaac Boateng macht nach der neunten Klasse den Hauptschulabschluss und wechselt dann auf die Realschule. Seine Mutter steht weiter hinter ihm, aber sie ermahnt ihn auch, dass gut nicht gut genug ist. »Wenn deine weißen Mitschülerinnen und Mitschüler gut sind, musst du sehr gut sein, um die gleiche Note zu erhalten«, erklärt sie ihm. Isaac Boateng entwickelt großen Ehrgeiz, will sich alle Möglichkeiten für seinen beruflichen Weg offenhalten, denn eines hat er durch seine Mutter schnell verstanden: »In Deutschland ist Bildung alles!«

Es folgt der Realschulabschluss, im Anschluss das Fachabitur. Ihm ist klar, dass sich für ihn als Schwarzen seine Chancen auf eine qualifizierte Arbeit nur erhöhen, wenn er den bestmöglichen Schulabschluss vorweisen kann. Sein Anspruch an sich selbst ist hoch.

Oft begleitet Isaac Boateng seine Mutter bei Behördengängen. Hier sieht er, wie schwierig es ist, die Behördensprache zu verstehen. »Ich habe erlebt, wie mit einem umgegangen wird, wenn man in bestimmten Situationen die Sprache nicht beherrscht. Außerdem habe ich nirgendwo, egal, wohin ich kam, ob in Behörden, in Geschäften, beim Fleischer, Bäcker oder im Straßenverkehr, Schwarze gesehen. Ich hatte immer das Gefühl, die arbeiten irgendwo im Hintergrund.«

Die einzigen Schwarzen in gehobener Position, die ihm in seiner Jugend begegnen, sind die in der Serie *The Fresh Prince of Bel-Air*. Isaac Boateng wird sich immer öfter bewusst, dass Schwarze nur in Fernsehserien, Tanzvideos oder auf Fußballplätzen wirklich erfolgreich und cool sind. Auf dieses rassistische Stereotyp will er sich nicht reduzieren lassen.

Nach dem Fachabitur jobbt er zunächst, um Geld zu verdienen und sich beruflich zu orientieren. In einem Lebensmittelkonzern erhält er nach einem Praktikum die Chance auf eine Ausbildung zum Industriekaufmann. Er freut sich über diese Möglichkeit und auf sein zukünftig breites Arbeitsspektrum.

Mich interessiert, wo sich der gebürtige Ghanaer mittlerweile zu Hause fühle. »Ich fühle mich als Weltbürger, nicht als Mensch mit einer bestimmten Nationalität. Mit ›Heimat‹ verbinde ich nicht wirklich etwas Konkretes. ›Heimat‹ ist für mich dort, wo ich mich wohlfühle, und das kann überall sein«, antwortet er mir überzeugend. Sein Mutterland sei Ghana und Deutschland einer seiner derzeitigen Wohlfühlorte.

Spiegelbilder

Nach erfolgreich abgeschlossener Ausbildung zum Industriekaufmann entdeckt Isaac Boateng durch Zufall eine freie Stelle bei dem Kinder- und Jugenddienst der Stadt Hamburg. Es geht um die Betreuung von unbegleiteten minderjährigen Jugendlichen bei der Landesstelle Hamburg. Isaac Boateng bewirbt sich und wird zum Vorstellungsgespräch eingeladen. Während des Gespräches wird die Frage gestellt, die bei Vorstellungsgesprächen unvermeidlich scheint: »Können Sie uns einen Grund nennen, warum wir Sie einstellen sollen?«

Eine Frage, auf die jede Bewerberin, jeder Bewerber gern verzichten kann. Isaac Boateng weiß jedoch, wie wichtig es ist, die passende Antwort parat zu haben. So sagt er selbstbewusst: »Für die unbegleiteten minderjährigen Jugendlichen wäre es gut, wenn es auch Menschen in der Behörde gibt, die so aussehen wie sie.«

Mit dieser Antwort hat niemand gerechnet. Seine beruflichen Fähigkeiten und sein Auftritt überzeugen. Kaum zu Hause, erhält er einen Anruf: Er hat die Stelle und kann sofort anfangen.

Auch mich erstaunt seine Schlagfertigkeit in dieser Situation und ich frage nach. »Nun«, erklärt mir Isaac Boateng auf seine gewohnt ruhige Art, »mir ist aufgefallen, dass es in den Verwaltungsbehörden kaum Menschen mit anderen Wurzeln gibt, Schwarze schon gar nicht.« Er finde, gerade Behörden sollten den Querschnitt der Bevölkerung widerspiegeln, um bestmöglich arbeiten zu können. Da gebe es noch Handlungsbedarf und deshalb habe er sich beworben.

Insofern ist der erste Arbeitstag für Isaac Boateng nichts Neues, er ist der einzige Schwarze in seinem neuen Arbeitsbereich. Als Quereinsteiger nimmt er seine Aufgabe sehr ernst. Er setzt sich selbst unter Druck, will nicht nur eine gute, sondern die beste Version seiner selbst sein, wie er sagt. »Wenn ich mich als Schwarzer am Tisch mit Weißen schlecht benehme, hat es der nächste Schwarze schwer oder bekommt gar nicht erst eine Chance. Wenn eine Schwarze Person etwas falsch macht, ist das gravierender, als wenn eine weiße Person etwas falsch macht.«

Isaac Boateng gefällt trotz allem seine Arbeit, er wird von den Kolleginnen und Kollegen anerkannt. Dennoch gibt es Situationen, in denen er sich diskriminiert fühlt. Es sind Situationen, in denen Isaac Boateng, der neue Kollege, nicht direkt angesprochen wird, sondern in denen es um Schwarze generell geht. Situationen, die ein tiefes Gefühl der Sprach-, Macht- und Wehrlosigkeit hinterlassen, die zutiefst verletzen, provokant und unnötig sind. Etwa, wenn jemand Schaumküsse als N-Küsse bezeichnet und daran nichts findet. Aber es gibt auch Momente, die Hoffnung schöpfen lassen. Zum Beispiel, wenn völlig unerwartet eine weiße vorgesetzte Person die Situation aufgreift, zur Sprache bringt und die diskriminierenden Begriffe in ihrer Abteilung fortan untersagt. Auch Erklärungen der Kollegin, des Kollegen, man sei eben mit diesen Begriffen aufgewachsen, werden nicht geduldet: »Ich auch, aber ich verwende diese Begriffe trotzdem nicht.«

Menschen in Verantwortung, die couragiert mit dieser Klarheit handeln, braucht es sehr viel mehr! Da sind Isaac Boateng und ich uns einig.

Ich merke ihm an, wie sehr ihm diese Situationen nachgehen. »Es ist doch nicht mein Job, jede weiße Person aufzuklären, was rassistisch diskriminierend ist und was nicht. Rassismus ist facettenreich, und jeder Mensch geht anders damit um.«

Isaac Boateng mag seine Arbeit, unterstützt Jugendliche, für die er auch eine Art Vorbild ist. Er selbst schaut immer nach vorn, sucht nach Möglichkeiten der Weiterentwicklung, strebt eine Tätigkeit im Verwaltungsbereich an und beginnt ein berufsbegleitendes Studium der Sozialökonomie. »Das war eine sehr intensive Zeit, aber der Mehraufwand für meinen Bachelor of Arts hat sich gelohnt.«

Stellen wurden abgebaut, und ehe ihn die Arbeit verändert, verändert er sich lieber selbst, wie er heute sagt. Er schaut sich um und kommt so schließlich zu einem Verwaltungsposten in einem Hamburger Fachamt für Grundsicherung und Soziales, Sachgebiet Wohngeld. Nun ist er dort, wo er hinwollte und wo man nur hinkommt, wenn die schulischen Leistungen stimmen und man ausgezeichnet Deutsch spricht. Die Ermahnungen seiner Mutter haben also gefruchtet.

In seinem Arbeitsalltag trifft er auf Antragstellende mit den unterschiedlichsten Wurzeln. Es gibt Menschen, die ihn vor Begeisterung am liebsten umarmen würden oder ihn um persönlichen Rat bitten, für sich und für ihre Kinder. Menschen, die wissen möchten, wie er es als ein Schwarzer geschafft hat, auf diese Position zu gelangen. Menschen, die hoffen, dass ihre Kinder sich ihn zum Vorbild nehmen. Die sehen, dass es möglich ist, die soziale, kulturelle, institutionelle und ethnische Hürde zu überwinden. Und die auch begreifen, wie viel Energie dafür nötig ist.

Aber es gibt auch Antragstellende, die seine Bürotür öffnen, ihn erblicken, die Tür wieder schließen und im Flur warten, weil sie davon ausgehen, dass ein Schwarzer in diesem Büro nur ein Antragsteller sein kann.

Als einziger Mitarbeitender wird er auch morgens auf dem Weg in sein Büro an der Pforte angehalten und gefragt, wo er hinwill, er, ein Schwarzer Deutscher und Angestellter im öffentlichen Dienst.

Und natürlich bleibt Isaac Boateng dann stehen und weist sich aus. Grundsätzlich aber lässt er sich nicht aufhalten. Sein beruflicher Weg, so sagt er, sei noch nicht zu Ende. Er will in die Personalentwicklung, will dort etwas voranbringen, sensibilisieren, auf das Thema Rassismus aufmerksam machen. »Auch im Behördenbereich muss das Thema Rassismus beachtet und bearbeitet werden. Es kann nicht sein, dass Menschen mit anderer Hautfarbe sich ständig rechtfertigen müssen. Da ist noch viel Luft nach oben«, sagt er hoffnungsvoll.

Isaac Boateng ist inzwischen verheiratet. Seine Frau Freya, eine Lehrerin, ist weiße Deutsche. Das Paar hat zwei Kinder. Ich frage, warum sie sich für den ghanaischen Nachnamen entschieden hätten, wäre es für die junge Familie mit dem deutschen Nachnamen der Frau nicht einfacher gewesen? Vielleicht, sagt Freya Boateng, würde man sie am Telefon dann nicht gleich in eine rassistische Schublade stecken: »Wenn ich irgendwo anrufe, zum Beispiel, um einen Termin zu vereinbaren, geht man automatisch davon aus, dass ich einen Migrationshintergrund habe.« Die Menschen seien bei der persönlichen Begegnung dann sehr erstaunt, einer weißen Frau gegenüberzustehen.

Allein aufgrund des Nachnamens wird eine Schublade geöffnet und sie dort hineingesteckt, ob sie wolle oder nicht. Allerdings habe das keine Auswirkung auf ihr Verhalten, sie sei einfach eine

Frau von vielen, die den Nachnamen ihres Mannes trägt. Dass man aber darüber spricht, ob man es mit einem deutschen Nachnamen nicht leichter hätte, zeige doch, wie tief die Gesellschaft von Rassismus geprägt ist. Diese Strukturen seien jedoch veraltet, es brauche dringend ein gesellschaftliches Umdenken, eine Perspektive für die Zukunft.

Auch sie kenne die aggressive Abwehrhaltung von Menschen, die, angesprochen auf ihr Verhalten, erst recht mit rassistischen Diskriminierungen und Obszönitäten mit ethnischer Anspielung reagieren. »Beruflich bedingte Begegnungen werden dann grenzüberschreitend.« Das mache sie jedes Mal nicht nur sprachlos und überfordere sie, es erschüttere sie. Oft wisse sie nicht, was sie in solchen Momenten sagen solle. Als weißer Frau werde ihr auch häufig das Recht, über rassistische Diskriminierung zu reden, abgesprochen. Ihr aber liegt das Thema am Herzen, dabei geht es ihr nicht nur um ihren persönlichen Handlungsspielraum, sondern vor allem darum, gemeinsam mit ihrem Mann ihre Kinder zu schützen und zu stärken.

Selbstbewusstsein und Selbstermächtigung

Isaac und Freya Boateng erklären mir, auch die Kinder und Jugendlichen ihres Bekannten- und Freundeskreises würden eine Stärkung ihres Selbstbewusstseins benötigen. Isaac Boateng engagiert sich deshalb als Mitglied des Vorstandes und ehrenamtlicher Trainer im Verein »Africa United Sports Club e.V.«. Der Verein bietet einen Schutzraum, einen sogenannten Safer Space, für Schwarze Jungs und Mädchen. Die ehrenamtlichen Trainerinnen und Trainer wie die Sozialpädagoginnen und Sozialpädagogen sind Schwarz. Es gilt das Prinzip: »Von Schwarzen für Schwarze!«

Ich bin erstaunt, denn Integration halte ich persönlich für sehr wichtig. Ich frage deshalb nach, ob in dem Verein auch Jungs und Mädchen willkommen sind, die nicht Schwarz sind. Ich erfahre, dass niemand ausgeschlossen wird. Der Verein richte sich jedoch an Schwarze Kinder und Jugendliche. Auch sei ihnen wichtig, dass die Kinder und Jugendlichen mehr über die Kultur ihrer Eltern und Großeltern erfahren. Die Geschichte Afrikas käme in den deutschen Bildungsplänen so gut wie nicht vor, und wenn, so empfinden Isaac Boateng und seine Frau es, nur recht einseitig. Das sei bedauerlich. Wie alle Kinder und Jugendlichen bräuchten auch Schwarze Kinder und Jugendliche Spiegelbilder und Identifikationsfiguren. Sie sind überzeugt, dass der Umstand, das einzige Schwarze Kind oder der einzige Schwarze Jugendliche in einer Klasse oder Gruppe zu sein, sich auf das Kind oder den Jugendlichen negativ auswirke. Aus diesem Grund wird die Arbeit des Vereines als Beitrag dazu betrachtet, Schwarze Kinder und Jugendliche in ihrer Identitätsfindung zu unterstützen.

»Unser Ziel ist es«, sagen Isaac und Freya Boateng, »dass unsere Kinder in der Mitte der Gesellschaft glücklich und erfolgreich sein können. Und deshalb sehen wir unsere Aufgabe darin, die Gesellschaft so mit weiterzuentwickeln, dass Diversität als etwas Selbstverständliches angesehen wird.«

Ingrid Adjoa Yeboah,
Rechtsanwältin, Berlin,
mit Wurzeln in Ghana,
Westafrika

Jetzt oder nie

Ingrid Adjoa Yeboah, Rechtsanwältin

Zufall

Bei einer Lesung von mir in Berlin lernen wir uns persönlich kennen. Ich erfahre, dass Ingrid Adjoa Yeboah Rechtsanwältin ist, mit eigener Kanzlei in Berlin. Als ich sie einlade, ihre Geschichte mit mir für dieses Buch zu teilen, stimmt sie sofort begeistert zu. »Es ist wichtig«, sagt sie, »dass wir unsere Geschichten den Menschen in Deutschland erzählen. Sie müssen wissen, dass auch wir Deutsche sind und dies auch unser Land ist.«

Afrika, der unbekannte Kontinent

Ingrid Adjoa Yeboah wird 1979 als Tochter ghanaischer Eltern in Hamburg geboren. Ihre Eltern kommen kurz vor ihrer Geburt nach Deutschland. Der Vater hat in Ghana Architektur studiert. In der Hoffnung auf eine bessere Perspektive geht er nach Deutschland. Die Sprache lernt er schnell, doch sein Studium wird in Deutschland nicht anerkannt. Er beginnt eine Ausbildung als Bauzeichner, beendet sie aber nicht, sondern wird Gabelstaplerfahrer in einem Einzelhandelsunternehmen. Diese Arbeit entspricht nicht im Mindesten seiner Qualifikation und seinen Fertigkeiten. Doch er findet sich damit ab, gilt es doch, zum Lebensunterhalt der Familie beizutragen. Die Mutter von Ingrid Adjoa Yeboah, auch sie lernt schnell die deutsche Sprache, arbeitet als Fachverkäuferin. Ebenfalls nicht der Job, den sie für sich erträumt hat, aber auch ihr bleibt nichts anderes übrig.

Als Ingrid knapp vier Jahre alt ist, zieht die Familie nach Hannover. Ingrid Adjoa Yeboah wächst in einer prekären Wohngegend auf, wie sie es im Nachhinein beschreibt. Damals nimmt sie es jedoch nicht so wahr, in ihrem Elternhaus fühlt sie sich behütet und beschützt. Ihre Hautfarbe spielt für sie zunächst keine Rolle.

Warum es ihren Eltern nicht gelang, in Deutschland beruflich je richtig Fuß zu fassen, kann sie sich auch heute noch nicht erklären. »Diese Fragen sind für mich nach wie vor offen, da bin ich immer noch auf der Suche nach Antworten.«

Als Kind habe sie keinen materiellen Mangel empfunden. Sie sei ein zufriedenes Kind gewesen. Stets fröhlich, höflich, aber auch laut. »Besonders in der Grundschule habe ich mir die Butter nicht vom Brot nehmen lassen. Im Gegenteil, es gab kaum Schwarze Kinder an meiner Schule. Ich war gern die Anführerin und habe andere Kinder ganz schrecklich dominiert.« Wir müssen beide lachen, ich kann mir das beschriebene Verhalten der heute sehr zurückhaltenden Frau nur schwer vorstellen.

Das sei aber auch die Zeit gewesen, sagt Ingrid Adjoa Yeboah, in der sie zum ersten Mal ihre Hautfarbe realisiert habe. Wobei, wendet sie ein, so ganz stimme das nicht. Nicht sie, sondern andere hätten ihre Hautfarbe realisiert und sie damit konfrontiert. Eine Situation geht ihr bis heute nach.

Sie besucht ein weißes deutsches Nachbarschaftskind zu Hause, die beiden Kinder spielen miteinander. Plötzlich ruft sie der Vater des Kindes zu sich. Er habe da etwas für sie, sagt er und breitet eine große Afrikakarte auf dem Tisch aus. Das Mädchen soll ihm zeigen, wo es herkommt. »Ich war total entgeistert«, erinnert sich Ingrid Adjoa Yeboah. »Ich kam aus Hamburg, lebte, seit ich denken konnte, in Hannover. Von einem anderen

Land meiner Eltern hatte ich bis dahin noch nie etwas gehört. Ich wusste überhaupt nicht, was dieser Mann von mir wollte.«

Ihre Antwort, dass sie aus Deutschland kommt, akzeptiert er nicht und pocht stattdessen auf die Karte. Nur leider findet Ingrid weder Hannover noch Hamburg darauf. Für den Erwachsenen wie für das Kind eine sehr unbefriedigende Situation. Mehr noch, Ingrid Adjoa Yeboah reagiert verstört. Ein Erwachsener, meint sie, hätte auch damals schon reflektiert mit der Vielfalt der Gesellschaft umgehen können.

Obwohl Ingrid Adjoa Yeboah ein starkes Mädchen ist und sich zu wehren weiß, hört sie zunehmend Begriffe in der Schule, die sie verletzen. Ihr wird das N-Wort hinterhergerufen, was sie traurig und wütend macht. »Es machte etwas mit mir und ich habe mit meinen Eltern über diese Worte gesprochen.«

Ihre Mutter bringt ihr andere negative Begriffe bei, mit denen sie sich diesen Kindern gegenüber wehren soll. Eine andere Möglichkeit, ihrer Tochter zu helfen, fällt ihr in dem Moment nicht ein. Ingrid Adjoa Yeboah ist damit jedoch nicht geholfen. Sie will nun auch von ihren Eltern wissen, woher sie »wirklich« kommen. Diese Frage wird ihr mittlerweile am häufigsten gestellt. Dass Deutschland nicht ihre Heimat sein soll und ihre Eltern aus einem fernen Land kommen, kann sie sich einfach nicht vorstellen. »Sag einfach, wir kommen aus Zentralafrika«, rät ihr die Mutter, »dann sind die Leute zufrieden.« Ingrid folgt diesem Rat, ohne ihn zu verstehen. Die diskriminierenden Situationen belasten sie weiterhin, sie rebelliert, sie will nicht, dass so mit ihr umgegangen wird.

Schwarze Symbolfigur

Die Schule fällt ihr leicht, das Lernen macht ihr Spaß. Ihre stets guten Noten sind Ingrid fast peinlich. Sie freut sich, auch mal eine »schlechte« Note nach Hause zu bringen, immer die Beste zu sein, es sein zu müssen, empfindet sie auch als Last. Ihren

Eltern jedoch, besonders ihrem Vater, ist es wichtig, dass ihre Leistungen sehr gut sind. Der Leistungsdruck steigt, dennoch erinnert sich Ingrid Adjoa Yeboah an ihre Kindheit als schöne Zeit. Zur großen Freude ihrer Eltern darf sie nach der Grundschule auf ein Gymnasium wechseln.

Das Leben fängt an, sich auf merkwürdige Weise zu verändern. Auch in der weiterführenden Schule ist sie fast die einzige Schwarze. Ingrid Adjoa Yeboah wird älter, und ihre Mitschülerinnen und Mitschüler gehen anders mit ihr um. Die Beleidigungen aus der Grundschulzeit lassen nach. Man hört Musik, sogenannte Schwarze Musik, Rap. Die Schwarzen Sängerinnen und Sänger, Tänzerinnen und Tänzer werden bewundert. Man findet es cool, wie die Schwarzen so locker über die heimischen Bildschirme tanzen. Ihre Frisuren, ihre Styles, die englische Sprache, oftmals eindeutig-zweideutig, nicht immer ganz sozialverträglich. Und plötzlich fällt auf, dass sich so eine Coole auch unter ihnen befindet. Ob die wohl auch so mühelos tanzen und singen kann?

Dass sie Schwarz ist, ist auf einmal sehr cool. »Ich war plötzlich für die Leute in meiner Schule interessant, und das nicht aufgrund meiner guten Noten. Man schmückte sich mit mir, fand es toll, mich Schwarze als Freundin zu haben«, beschreibt Ingrid Adjoa Yeboah die Situation damals.

Den Rap aus dem Fernseher will man live in sein Jugendzimmer, auf seine Teenagerparty holen. Ingrid Adjoa Yeboah begreift, dass es nicht um sie als Mensch geht, sondern dass sie als Vertreterin einer vermeintlich Schwarzen Welt, Schwarzen Lebensart, Schwarzen Coolness gesehen wird.

Das Schicksal

Inzwischen haben sich ihre Eltern getrennt. Ein tiefer Einschnitt im Leben der Heranwachsenden. »Mein Vater war in meiner Kindheit etwas präsenter als meine Mutter. Er hat mehr auf mich aufgepasst, während sie arbeitete.«

Nach der Trennung bleibt sie bei ihrer Mutter, sie besucht den Vater regelmäßig, vermisst ihn jedoch sehr. Sie genießt die gemeinsame Zeit mit ihm. Der Vater ist nicht mehr ganz gesund, muss Medikamente nehmen, Ingrid Adjoa Yeboah denkt, das sei vorübergehend.

Dann folgt der nächste Schicksalsschlag. Ingrid Adjoa Yeboahs Mutter hat längst einen neuen Lebensgefährten. Zwischen den beiden kommt es vermehrt zu Streitigkeiten, die immer gewalttätiger werden, bis ihre Mutter eines Tages an den Folgen einer dieser Auseinandersetzungen stirbt.

Ingrid Adjoa Yeboah ist da gerade mal 17 Jahre alt und schon Halbwaise. Von ihrem Vater habe sie noch ältere Halbgeschwister, auch habe es noch andere Verwandte in Deutschland gegeben, erklärt sie mir auf ihre gefasste Art. Dennoch sei sie zu diesem Zeitpunkt sehr einsam gewesen. Ich frage nach, ob die Verwandten ihr nicht beigestanden hätten. »Ach«, winkt sie ab, »wie das eben so läuft. Herzlichkeit, emotionale Verbundenheit gab es nicht.«

Sie spricht mit ihrem Vater und bleibt trotzdem auf sich gestellt. Allein mit ihrem Schmerz, beginnt sie, sich in ihre eigene Welt zurückzuziehen. Sie funktioniert nur noch, um ihr Ziel, das Abitur, zu erreichen und um anschließend zu studieren.

Als ob ihr Leid nicht schon groß genug wäre, holt sie die Erkrankung ihres Vaters ein. Kurze Zeit nach der Mutter stirbt er, für sie völlig unerwartet. Mit 18 Jahren ist Ingrid Adjoa Yeboah Vollwaise. Kurz vor dem Tod des Vaters unterschreibt sie ihren ersten Mietvertrag, da wird sie noch vom zuständigen Jugendamt betreut, weil sie noch minderjährig ist.

Das Schicksal der jungen Frau geht mir nah, unvorstellbar, wie sehr sie gelitten haben muss. Ob denn irgendwer für sie da gewesen sei, möchte ich wissen.

In der Schule habe es eine Schulsozialpädagogin gegeben, erzählt Ingrid Adjoa Yeboah, zu der sei sie öfter gegangen, mit ihr konnte sie über ihre Not reden, etwas Ballast loswerden und sich nach dem Gespräch etwas erleichtert fühlen. Der wichtigste Mensch für sie sei jedoch eine Freundin gewesen. Sie und deren Eltern hätten ihr in dieser schweren Zeit beigestanden. Nach dem gewaltsamen Tod ihrer Mutter hätte diese Familie sie liebevoll aufgenommen, bei ihr habe sie eine Zeitlang gewohnt. Diese Freundin habe auch am Grab ihrer Mutter wie am Grab ihres Vaters neben ihr gestanden, sie sei ein Fels in der Brandung gewesen.

Die Verbundenheit der beiden Frauen hält bis heute. »Sie ist mit den Jahren zu der mir vertrautesten Person geworden«, sagt Ingrid Adjoa Yeboah. Ich frage, was sie genau verbindet, sind es die gleichen Interessen, ein ähnliches Aufwachsen oder die gleiche Hautfarbe? Nein, sie habe nicht die gleiche Hautfarbe. Aber die Tatsache, dass sie aufgrund ihrer persischen Wurzeln nicht zur Mehrheitsgesellschaft gehöre, sich gleichwohl als Deutsche fühle, das verbinde.

Ingrid Adjoa Yeboah erzählt mir von ihrer ersten Wohnungssuche und den Hürden, die sie dabei zu überwinden hatte. Fast wütend auf sich selbst sagt sie: »Ich verstehe nicht, warum ich das gemacht habe. Ich habe die Vermietenden am Telefon quasi vorgewarnt, dass ich Schwarz bin!« Sie vermutet, dass ihr Verhalten damals schon mit ihrem großen Bedürfnis nach Aufrichtigkeit zu tun hatte.

Ich wende ein, ob sie vielleicht sich und den Menschen einfach die Enttäuschung vor Ort ersparen wollte? Die Erfahrung hat Ingrid Adjoa Yeboah dann gemacht: dass ihr bei einem Termin gesagt wurde, man habe ja nichts gegen Schwarze, wolle jedoch wegen der Nachbarschaft kein Risiko eingehen. Manche Tür wurde ihr trotz Termin erst gar nicht geöffnet. Mit dieser Ablehnung muss ein junger Mensch erst einmal umgehen lernen. Die Frustration ist nur schwer auszuhalten. Am Ende klappte es dann doch mit einer Wohnung, der Weg dahin war steinig.

Zwischen den Welten

Als Grundschülerin war Ingrid Adjoa Yeboah der Gedanke fremd, nicht aus Deutschland zu stammen. Wie ergeht es ihr heute, mehr als 30 Jahre später, damit? Heute, erläutert sie mir, gebe es keine eindeutige Präferenz, sie fühle sich sowohl als Deutsche wie auch als Ghanaerin. Schließlich sei ihr ja nun bewusst, dass Ghana das Land ihrer Eltern ist. Und inzwischen kenne sie die Kultur. Sie würde auch ein wenig die Sprache verstehen, besser jedenfalls, als sie sie spricht. Trotzdem werde sie von Ghanaerinnen und Ghanaern nicht wirklich anerkannt, man bezeichne sie als Deutsche. Aufgrund der Sprachbarriere fühle sie sich in Ghana nie ganz zugehörig.

In Deutschland, so beschreibt sie diesen Zwiespalt, sei sie Ghanaerin. Das könne sie nicht abstellen, da es von außen an sie herangetragen werde und dieses Bild sie daran hindere, so zu sein, wie sie es wolle. Ich frage nach, was genau sie damit meint. »Na, bis heute empfinde ich es so: Das Verhalten, das ich an den Tag lege, entspricht nicht dem, was von mir erwartet wird. Gehe ich in eine Kunstausstellung, ins Theater oder in ein klassisches Konzert, habe ich das Gefühl, besonders wahrgenommen zu werden, weil es nicht erwartet wird, dass ich als Schwarze diese Orte aufsuche.« Sie fühle sich dann wie ein »Fehler im Bild«.

Wie wahr, denke ich, würde jedoch etwas in Zusammenhang mit Afrika gezeigt, wäre es sicherlich in Ordnung, sie wäre »richtig«, dann ginge es ja um ihre vermeintliche Heimat.

Doch zurück zu ihrem Werdegang. Ingrid Adjoa Yeboah ist 18 Jahre alt, hat das Abitur bestanden und ihre erste eigene Wohnung. Sie weiß, dass sie studieren will. Die Tragödie ihrer Mutter verfolgt sie, wieder und wieder muss sie an die Gerichtsverhandlung denken. Ingrid will Gerechtigkeit und fasst den naheliegenden Entschluss, Jura zu studieren. Verwandte sind skeptisch und warnen: »Na, wer will denn in Deutschland eine Schwarze Juristin haben?« Bemerkungen dieser Art hört Ingrid Adjoa Yeboah oft. Sie motivieren sie aber umso mehr. Sie schreibt sich an einer Universität ein und ahnt bereits, dass dies kein leichter Weg sein wird. Sie beantragt Bafög, erhält Vollwaisenrente und jobbt nebenher als Kellnerin. Die deutsche Staatsbürgerschaft beantragt sie auch, bis sie diese erhält, vergehen jedoch zehn Jahre.

An der Universität bemerkt Ingrid Adjoa Yeboah schnell, dass sie nicht als dazugehörig betrachtet wird. Ihre weißen Mitstudierenden kommen zum Teil aus Elternhäusern mit juristischem Hintergrund, sind privilegiert und lassen sie dies deutlich spüren. Wieder einmal erlebt sie, dass sie kein vollwertiges Mitglied der Gesellschaft ist. Dafür bedarf es keiner direkten Worte, keiner offenen Kommunikation, die Botschaft ist dennoch deutlich: »Einer wie dir trauen wir das Jurastudium nicht zu.«

Ingrid versucht, dieser negativen Energie aus dem Weg zu gehen, sich emotional nicht beeinflussen zu lassen. Doch leicht fällt ihr das nicht, zumal sie glaubt, ihre Hautfarbe durch Leistung kompensieren zu müssen. Ihre Kontakte sind auf ein Minimum beschränkt. Die meiste Zeit bleibt sie für sich und in ihrer Welt.

Das Studium zieht sich. Ingrid spielt mit dem Gedanken, es aufzugeben. Ihr einziger Verbündeter, ein Schwarzer Kommilitone, der ebenfalls Jura studiert hat und kurz vor dem Abschluss seiner Promotion steht, weiß nur zu gut, wie sie sich fühlt, er rät ihr davon ab. Sie dürfe nicht aufgeben. Er appelliert an ihr Selbstwertgefühl, erinnert sie aber auch daran, dass sie eine Verantwortung trage, sich selbst wie anderen Schwarzen gegenüber, denen sie ein Vorbild sein kann.

Ingrid Adjoa Yeboah fasst neuen Mut, sammelt ihre Energie, will dieses Studium nun mit Erfolg zu Ende bringen. Eine Prüfung läuft allerdings alles andere als fair. Sie fühlt sich aufgrund ihrer Hautfarbe diskriminiert. Von Seiten der Dozierenden habe man sie deutlich spüren lassen, wie wenig man gewillt war, sich mit ihr zu beschäftigen. Diese Situation habe sie erneut kurzfristig desillusioniert.

Nach 15 Semestern hat sie ihr erstes Staatsexamen in der Tasche, froh und dankbar, es geschafft zu haben. Sie ist stolz, dass sie nicht aufgegeben hat und sich damit die negativen Erwartungen ihres Umfeldes nicht erfüllt haben.

Die ständige Beweispflicht

Ingrid Adjoa Yeboah entschließt sich, nach Köln zu ziehen. Bevor sie als Referendarin anfängt, will sie zunächst die Praxis etwas kennenlernen. In einem Medienunternehmen findet sie eine auf sechs Monate befristete Stelle als wissenschaftliche Mitarbeiterin.

Es ist das Jahr 2008, das juristische Referendariat steht kurz bevor. »Ich erinnere mich, als wäre es gestern gewesen. Insgesamt waren wir am Landgericht Mönchengladbach 20 Personen und tatsächlich gab es außer mir noch eine weitere Schwarze Referendarin.« Es herrscht ein wahnsinniger Druck, denn eines ist klar, nur die Besten erhalten später auch eine Stelle.

Es interessiert mich, ob sich die beiden Schwarzen Frauen in dieser Situation gegenseitig unterstützt haben. Ingrid Adjoa Yeboah winkt jedoch ab. Ganz im Gegenteil, es habe noch nicht mal den geringsten Kontakt gegeben. Sie hatte eher den Eindruck einer starken Konkurrenz, getarnt hinter Desinteresse. Schade, welch vertane Chance, denke ich zunächst. Doch müssen Menschen, bloß weil sie die gleiche Hautfarbe haben, sich zumindest sympathisch sein?

Die Zeit als Referendarin fordert sie. Anders als in der Studienzeit findet Ingrid jedoch unter den weißen deutschen Referendarinnen und Referendaren Unterstützung. Man bildet Lerngruppen, nutzt Synergien, arbeitet zusammen. In dieser Zeit geht sie für ein paar Wochen nach New York, um dort in einer Anwaltskanzlei zu arbeiten. »Das war eine tolle Erfahrung«, schwärmt Ingrid Adjoa Yeboah noch heute. »Dort war ich eine unter vielen und nicht die einzige Schwarze. Ich habe mich wahnsinnig wohlgefühlt.«

Die Option, dort zu bleiben und beruflich Fuß zu fassen, stand jedoch nicht nur Debatte. Deutschland sei ihre Heimat, außerdem fühle sie sich dem deutschen Rechtssystem verbunden.

Nach ihrer Rückkehr legt Ingrid Adjoa Yeboah, nach einer intensiven Phase des Lernens, 2010 das zweite Staatsexamen ab. »Auch dieses Mal war es wieder sehr hart, aber nicht fachlich oder inhaltlich, ich war ja gut vorbereitet. Auch in diesen Prüfungen hatte ich das Gefühl, um eine faire Behandlung kämpfen zu müssen.« Eine Schwarze Juristin, so schien es ihr, sei nicht erwünscht. Beweisen konnte sie das natürlich nicht, es sei ihr Eindruck gewesen.

Ingrid Adjoa Yeboah hat es geschafft und sucht nun den Eintritt in die Berufswelt. Hoffnungsfroh verschickt sie etliche Bewerbungen. Rückmeldungen kommen jedoch nur spärlich, entweder verspätet, gar nicht oder als direkte Absage. Ein herber Schlag, Ingrid Adjoa Yeboah beschleicht das Gefühl, dass ihr Studienabschluss keinen Wert hat. Sie hat den Eindruck, als ob sie um Anerkennung ihrer beruflichen Qualifikation betteln muss. »Ich kam mir zunehmend wie eine Bittstellerin vor«, sagt sie und denkt nicht gern an diese Zeit zurück. Ihr Selbstbewusstsein sinkt auf einen Tiefpunkt, ein Fragenkarussell beginnt: Wiederholt sich hier die Familiengeschichte? Soll es ihr ergehen wie ihrem Vater? Wird sie in Deutschland, ihrer Heimat, beruflich nie Fuß fassen können?

Eine Freundin gibt Ingrid Adjoa Yeboah den Tipp, sich bei einer renommierten Künstleragentur für ein Jahrespraktikum zu bewerben. Ingrid Adjoa Yeboah sieht sich vor die Entscheidung gestellt, lediglich ein Praktikum zu machen, während ihre Mitabsolventinnen und Mitabsolventen bereits alle eine richtige Stelle entsprechend ihres Studiums gefunden haben. Sie scheint keine andere Wahl zu haben und bewirbt sich bei der Agentur. Immerhin wird sie gleich zu einem Vorstellungsgespräch eingeladen. Dass es sich bei Ingrid Adjoa Yeboah um eine junge Juristin handelt, die bislang noch keine Chance erhalten hat, begreifen die Verantwortlichen der Künstleragentur offensichtlich schnell. Sie unterbreiten ihr ein Angebot mit einem wesentlich höheren Gehalt als zunächst angesetzt. Der monatliche Verdienst einer Juristin sieht zwar in der Regel anders aus, aber Ingrid Adjoa Yeboah nimmt das Praktikum dankbar an. »Ich musste mich bei meinem Berufseinstieg mit weit weniger zufriedengeben und noch froh sein, dass mich überhaupt jemand nimmt«, stellt sie enttäuscht fest.

Aus dem Praktikum wird eine sechsjährige Tätigkeit. Die Arbeit in der Unterhaltungsbranche gefällt ihr, und so wechselt sie 2014 in die Berliner Dependance, die sie mit aufbaut. In der täglichen Praxis lernt sie viel über Medien- und Urheberrecht und beschließt, die Kompetenz mit einem berufsbegleitenden Masterstudium zu untermauern.

Mit der Zeit entsteht in ihr der Wunsch, als Juristin in einer Kanzlei oder der Rechtsabteilung eines Unternehmens zu arbeiten. Erneut versucht sie es mit Bewerbungen. Zu ihrer großen Überraschung wird sie dieses Mal auch zu Gesprächen eingeladen. Ein Stellenangebot erhält sie zwar nicht, doch hat sie das Gefühl, bei diesen Gesprächen ernst genommen worden zu sein. »Ich glaube, es fehlte mir einfach an der verlangten Berufserfahrung, aber ich fühlte mich anerkannt und das tat gut«, erläutert sie heute.

Der Schritt in die Selbstständigkeit

Ihr ist daran gelegen, sich beruflich weiterzuentwickeln, da sie jedoch keine Anwaltskanzlei findet, die sie einstellt, überlegt sie, sich mit einer eigenen Kanzlei selbstständig zu machen. Inzwischen verfügt sie über ein großes Netzwerk und auch ihr Arbeitgeber unterstützt sie bei ihrem Vorhaben. Gemeinsam mit einer weißen deutschen Bekannten, die sich ebenfalls selbstständig machen will, geht es in die Planung.

»Anfangs war ich ziemlich unsicher, ich hatte Angst, meinem Umfeld, meinen Verwandten von dieser Idee zu erzählen.« Sie hat immer noch die Sätze im Ohr, die ihr einredeten, zu ihr, einer Schwarzen, käme doch niemand, um sich juristisch beraten zu lassen. Zu ihrer großen Überraschung erfährt sie von Seiten ihres Umfeldes jedoch viel Zuspruch und ermunternde Worte. Ihren Verwandten gegenüber erwähnt sie das Vorhaben erst mal nicht. Sie trifft Vorbereitungen, arbeitet Businesspläne aus. »Jetzt oder nie«, sagt sie sich, »denn wenn nicht jetzt, wann dann?« Ingrid Adjoa Yeboah will es wissen, sie hat für ihre Qualifikation gekämpft und ihr fällt auf, dass sie längst ernst genommen wird. Man hört ihr zu, ist von ihrer beruflichen Erfahrung beeindruckt. Das habe sie stark gemacht, sagt sie.

2018 ist es so weit, im Alter von 38 Jahren macht sich Ingrid Adjoa Yeboah mit der Gemeinschaftskanzlei selbstständig. Zwar trennen sich die Wege der beiden Partnerinnen bereits 2019 wieder, doch ihre Entscheidung, in die Selbstständigkeit zu gehen, bereut Ingrid Adjoa Yeboah zu keinem Zeitpunkt. Die Kanzlei führt sie fortan erfolgreich allein weiter.

Sich mit der Vergangenheit versöhnen

Ich bin beeindruckt, mit welcher Kraft sie die Herausforderungen in ihrem Leben bisher gemeistert hat. Ich frage Ingrid Adjoa Yeboah, ob sie heute noch manchmal Wut, Enttäuschung und Zorn verspüre angesichts all der Schicksalsschläge, die sie schon hat erleiden müssen. »Nein«, versichert sie mir, »mit seiner Vergangenheit zu hadern, hält nur auf und hindert einen daran, voranzukommen.« Sie habe sich mit ihrem Leben ausgesöhnt, habe auch mal professionelle Hilfe in Anspruch genommen. Sie sei mit sich im Reinen. Der Schritt in die Selbstständigkeit sei eine wahre Befreiung gewesen. »Bis dahin habe ich in meinem Alltag einfach nur funktioniert und gar nicht realisiert, was ich alles schon bewältigt und überstanden habe«, resümiert sie.

Manchmal, sagt sie abschließend, sei es gut, einfach zu machen und gar nicht groß darüber nachzudenken. So käme man voran, das sei zumindest ihre Erfahrung.

Victor Nettey,
Metzgermeister,
Speyer, Rheinland-Pfalz,
mit Wurzeln in Ghana,
Westafrika

Der Speyrer Bub

Victor Nettey, Metzgermeister

Fleischtheke als Wohlfühlort

»Ich bin's wieder, euer erster und einziger Schwarzer Metzgermeister hier in der Pfalz!«

Dieser Spruch in pfälzischem Dialekt macht mich das erste Mal mit Victor Nettey bekannt. Ich habe ihn auf YouTube entdeckt und bin sofort neugierig, ein Schwarzer Metzgermeister mit eigener Metzgerei, und das in der Pfalz!

Bevor wir uns treffen, findet unsere erste Begegnung online statt. Ich bin überrascht, dass mein Gegenüber ein sehr zurückhaltender, fast schon schüchterner junger Mann ist, der nur dann spricht, wenn er direkt etwas gefragt wird. »Ja«, gibt er zu, »das ist meine Art, als kleines Kind wurde mir das bereits beigebracht, nur zu reden, wenn ich gefragt werde. Außer hinter meiner Metzgertheke, da bin ich ja der Chef, und da rede ich, wie mir der Schnabel gewachsen ist.«

Die Fleischtheke scheint sein persönlicher Wohlfühlort zu sein. Also frage ich ihn direkt, was ihn dazu bewogen hat, sich für das Metzgerhandwerk zu entscheiden. Victor Nettey erzählt mir, dass Metzger zunächst nicht sein Traumjob war. Nach seinem Hauptschulabschluss habe er sich auf verschiedene Ausbildungsstellen beworben. Ob Bäcker, Schreiner, Maurer oder eben Metzger, sei ihm zu dem Zeitpunkt egal gewesen, einen bestimmten Berufswunsch hatte er nicht. »Es ging mir einzig darum, einen Ausbildungsplatz zu bekommen«, erklärt Victor Nettey, »einfach nach der Schule zu Hause herumsitzen, das wollte ich nicht und das hätte mein Vater auch niemals geduldet.« Auf seine zahlreichen Bewerbungen habe er nur Absagen oder gar keine Antwort erhalten. Nur eine Metzgerei aus Harthausen habe ihn zu einem Vorstellungsgespräch eingeladen. Das war 2002, in dem Jahr, in dem er dort dann auch seine Ausbildung zum Metzgereigesellen begann.

Die fremde Familie

Victor Nettey wird 1985 in Accra, der Hauptstadt Ghanas, geboren. Er lebt zunächst bei seiner Mutter, sein Vater hat bereits seinen Lebensmittelpunkt nach Deutschland verlegt und wohnt in Speyer. Im Alter von nur zwei Jahren nimmt ein Verwandter, im Auftrag des Vaters, den kleinen Jungen mit nach Deutschland. Ob seine Mutter mit dieser Reise einverstanden war, kann Victor Nettey im Nachhinein nicht sagen. Der kleine Junge kommt zu seinem Vater, der inzwischen mit einer weißen Deutschen verheiratet ist. Victor Nettey ist nicht das einzige Kind in der Familie, er hat einen älteren Stiefbruder und eine jüngere Halbschwester. Diese etwas komplizierte Familienstruktur nimmt er als Kind jedoch zunächst nicht so wahr. Er hat auch keinen Kontakt mehr zu seiner leiblichen Mutter, seine Stiefmutter ist nun seine Mama.

Das Zusammenleben der Familie erinnert Victor Nettey als normal. Dass sein Vater Schwarz und seine Stiefmutter weiß ist, fällt ihm nicht auf, ebenso wenig der Unterschied zwischen ihm und seinen Stief- beziehungsweise Halbgeschwistern, die neben ihrer weißen Mutter einen Schwarzen Vater haben und deren Hautfarbe deshalb heller pigmentiert ist.

»Es hätte mir eigentlich auffallen müssen«, sinniert Victor Nettey heute. »Es gab Situationen, in denen ich anders behandelt wurde innerhalb der Familie.« So gab es eine weiße deutsche Oma, eine nette ältere Frau. Von ihr bekam er jedoch stets etwas weniger Süßigkeiten als sein Stiefbruder und seine Halbschwester. Das habe er schon bemerkt, es sich jedoch nicht erklären können. Nachgefragt habe er allerdings auch nie. Das gab es ja auch nicht, von sich aus etwas sagen, wenn man nicht dazu aufgefordert wurde. Doch auch als Erwachsener spürt er noch, wie schmerzhaft diese Situationen für ihn waren. Damals habe er es einfach hingenommen, er war eben ein ruhiges Kind, das aber dennoch Dinge bemerkte und beobachtete.

Sicherlich habe es noch weitere solcher Situationen gegeben, in denen er schlechter behandelt wurde als die anderen Kinder in der Familie. Aber die habe er wohl verdrängt. Bis heute frage er sich, ob es daran lag, dass er nur der Stiefenkel war, oder an seiner dunkleren Hautfarbe, dass diese Oma ihn anders behandelt hat. Eine Antwort wird er nicht mehr erhalten.

Augen zu und durch

Die Einschulung steht an. Wie jedes Kind freut sich Victor auf seinen ersten Schultag mit Schulranzen und großer Schultüte. Doch kaum eingeschult, wird er bereits am dritten Tag aus dem Unterricht geholt. Er soll in die Vorschule wechseln, heißt es, weil er nicht gut Deutsch spreche und lisple. »Niemand von meiner Familie hat diese Entscheidung der Schule damals hinterfragt«, wundert sich Victor Nettey noch heute. Sein Vater habe es einfach hingenommen, auch die Stiefmutter habe sich nicht eingeschaltet. Victor verbringt das gesamte erste Schuljahr in der Vorschule. Dann wird er erneut in die erste Klasse eingeschult. »Die Schule hat für uns entschieden. Wir wurden nicht gefragt. Es hatte einfach so zu laufen.«

Die eigene Mutter?

Victor Nettey besucht die zweite Klasse, als sich sein Leben wieder einmal grundlegend ändert. Es ist das Jahr 1993. Sein Vater teilt ihm eines Tages mit, dass sie nach Frankfurt zum Flughafen fahren würden, um seine Mutter abzuholen. Der kleine Junge versteht seinen Vater nicht. Für ihn ist seine Stiefmutter seine Mutter, dass sie weiß ist, spielt für ihn nach wie vor keine Rolle. Wer soll also diese Frau sein, die er mit dem Vater vom Flughafen abholt?

»Wir waren 1991 oder 1992, so genau weiß ich das nicht mehr, mit der ganzen Familie in Ghana gewesen. Dort muss ich wohl auch meine Mutter getroffen haben, aber wiedererkannt habe ich sie nicht. Und ich wusste auch gar nicht, dass sie meine Mutter ist. Eigentlich hätte man mir das ja erklären müssen, das ist aber nicht passiert«, erzählt Victor Nettey.

Als der Achtjährige dann mit seinem Vater am Flughafen steht, um seine Mutter abzuholen, fühlt er sich sehr unbehaglich. Theoretisch kann es sich bei jeder Schwarzen Frau, die aus dem Zollbereich kommt, um seine Mutter handeln. Nach einer Weile steht tatsächlich eine Frau vor ihm, von der der Vater behauptet, sie sei seine Mutter. Victor hinterfragt das nicht, er glaubt es einfach.

Ich frage nach, was aus seiner Stiefmutter geworden ist. Victor Nettey erzählt daraufhin, dass sich der Vater kurz zuvor von ihr habe scheiden lassen. In Ghana habe er dann seine angebliche Mutter geheiratet, die sie dann am Frankfurter Flughafen abholten. Ob er nicht gemerkt habe, dass es zwischen seinem Vater und der Stiefmutter nicht mehr so gestimmt habe, will ich wissen. »Nein, nicht wirklich. Außerdem hätte ich ohnehin nicht gefragt.« Na klar, Victor hätte auch nur fragen dürfen, wenn er dazu aufgefordert worden wäre.

Die Familie vergrößert sich nun schnell. 1994, ein Jahr nach der Ankunft der Mutter, fährt die Familie erneut zum Flughafen. Dort nimmt sie Victor Netteys drei Jahre ältere Schwester und eine vier Jahre ältere Cousine in Empfang. 1995 kommt dann der kleine Bruder zur Welt. Die Familie ist nun komplett.

Hat er sich denn nie gefragt, ob diese Frau tatsächlich seine leibliche Mutter ist?, frage ich erstaunt. Doch natürlich, antwortet

Victor Nettey, aber es gebe auch eine gewisse Ähnlichkeit zwischen ihnen. »Sie ist genauso ruhig und zurückhaltend wie ich. Darin sind wir uns gleich.« Letztlich hätte man ihm damals aber jede Frau als seine Mutter vorstellen können. Dennoch sei er sich mittlerweile sicher. Victor lacht: »Meine Eltern sind jetzt Anfang 60 und immer noch zusammen, es scheint also zu passen zwischen ihnen.«

Schulzeit

Nach der Grundschule besucht Victor die Hauptschule. Von einer Lehrerin wird er sehr unterstützt und gefördert. Die guten Leistungen, die sein Vater von ihm erwartet, versucht Victor zu erbringen. Gelegentlich gibt es Ärger in der Schule, immer dann, wenn sich Victor von einer Lehrkraft und der Schulleitung zu Unrecht gemaßregelt fühlt. Zum Beispiel reden Mitschüler während des Unterrichtes miteinander. Victor stört das. Er möchte dem Unterricht folgen können. Als er die Mitschüler bittet, leise zu sein, erwischt ihn die Lehrerin vermeintlich beim Reden. Es heißt, er habe gestört und solle den Unterricht verlassen. Die Lehrerin hört ihm nicht zu, als er sich erklären will. Wütend schlägt Victor gegen die Wand, trifft den Feuermelder, muss zur Schulleitung und dann nach Hause. Dass der Vater sich wegen des Vorfalles in die Schule begibt, erwartet er nicht.

Victor Nettey ist meist ruhig und angepasst, versucht, möglichst unauffällig zu sein, sich den Klassenclown abzugewöhnen, den er in den Jahren zuvor öfter gegeben hat. Fühlt er sich jedoch ungerecht behandelt, wird aus seiner Enttäuschung Wut.

Sowohl in der Grund- wie in der Hauptschule ist Victor Nettey lange Zeit der einzige Schwarze. Massive Ausgrenzung erfährt er zum Glück jedoch nie. Speyer empfindet er als seine Heimat. Als er in der neunten Klasse ist, kommt ein weiterer Schwarzer Junge auf die Schule, Victor Nettey ist nun nicht mehr allein.

2002 macht er seinen Hauptschulabschluss, es folgt ein einjähriges Berufsgrundschuljahr. Ende 2003 beginnt Victor Nettey die Metzgerlehre.

»Ich hatte mich mit dem Bild von der Schulabschlussfeier beworben. Der Anzug, den ich anhatte, war zu groß, ich sah viel älter aus, als ich tatsächlich war. Vielleicht«, schmunzelt Victor Nettey, »wurde ich deshalb zum Bewerbungsgespräch eingeladen.« Es war ein nettes Gespräch. »Der Metzgerei-Inhaber wusste ja, dass ich Schwarz bin, schließlich hatte er mein Bild gesehen. Er wusste also, was ihn erwartet.«

Das Handwerk

Bei der Metzgerei in Harthausen durchläuft Victor Nettey eine gründliche Ausbildung, lernt sein Handwerk von der Pike auf, wie er sagt. Die Arbeit macht ihm Freude, er kann alles sehr gut. Er träumt davon, irgendwann eine eigene Metzgerei zu eröffnen. Auf diesen Traum arbeitet er fortan zielstrebig hin.

2006 beendet er seine dreijährige Lehre als Metzgereigeselle. Der nun 21-Jährige entschließt sich, noch ein paar Jahre in der Harthäuser Metzgerei zu arbeiten, um die Gebühren für die Meisterschule anzusparen.

Nach einer dreimonatigen Schulung absolviert Victor Nettey 2011 die Meisterschule in Frankfurt am Main. Im Anschluss hat er das Glück, als Verkaufsmetzgermeister in einer Mannheimer Feinkostmetzgerei zu arbeiten. »Es war mir so wichtig«, sagt er stolz, »mein Handwerk richtig zu beherrschen. Deshalb wollte ich so viel Praxiserfahrung wie möglich, um dann kompetent meine eigene Metzgerei führen zu können. Und dieser Mannheimer Laden war die Chance dafür.«

Chancen

Wenn Victor Nettey über die Chancen spricht, die er in seinem Leben bisher erhalten hat, tut er das mit Respekt und

Dankbarkeit. Ich frage ihn, ob es besondere Menschen gab, die ihn unterstützt haben. »Absolut, da war die Lehrerin in der siebten und achten Klasse, die mich gefördert und motiviert hat. Die Metzgerei in Harthausen, die mir den Ausbildungsplatz gegeben hat, und dann die Feinkostmetzgerei in Mannheim, die mich als Metzgermeister angestellt hat. Ich bin für alle diese Chancen sehr dankbar.«

Leider wird die Feinkostmetzgerei verkauft und damit ändert sich auch für Victor Nettey die Situation. Zum ersten Mal erlebt er massive Ausgrenzung am Arbeitsplatz. Er wird von einem Kollegen rassistisch beleidigt, mit dem N-Wort beschimpft. Es kommt zu verbalen Auseinandersetzungen. Der junge Schwarze Metzgermeister kündigt seine Stelle nach nur acht Wochen unter der neuen Leitung. Die neuen Besitzer versuchen die Lage zu schlichten, doch Victor Nettey ist zu gekränkt, für ihn ist klar, in einem solchen Umfeld will er nicht arbeiten. In die Arbeitslosigkeit gleiten will er jedoch ebenfalls nicht. Er bewirbt sich auf andere Stellen und findet eine Stelle in einer Metzgerei in Heidelberg. »Da hatte ich wieder großes Glück. Hätte ich nicht sofort etwas Neues gefunden, wäre ich wohl oder übel länger bei dem Arbeitgeber geblieben. Ohne Arbeit, das geht gar nicht für mich.«

Erster Versuch

Victor Nettey erweitert seine Kompetenzen, arbeitet im Vertrieb der Metzgerei. »Bisher kannte ich mich im Verkauf sehr gut aus und war nun froh, auch den Vertrieb kennenzulernen.« 2014 wechselt er in einen Mannheimer Schlachthof und arbeitet dort anderthalb Jahre. An der Berufsakademie beginnt Victor Nettey ein berufsbegleitendes BWL-Studium. Das Studium fordert ihn, Victor Nettey merkt, dass er an seine Grenzen kommt. Zwar hat er aufgrund seines Meisterbriefes die Hochschulzugangsberechtigung, aber es fehlt ihm am nötigen Wissen. Auch möchte er nicht mehr allzu viel Zeit verlieren und seinen Wunsch nach einer eigenen Metzgerei verwirklichen. Die Vorstellung, eigenverantwortlich zu arbeiten, selbst Umsatz zu erzielen, all das motiviert ihn sehr. »Ich verstehe mein Handwerk, deshalb war ich überzeugt, eine eigene Metzgerei führen zu können.«

Schweren Herzens gibt er 2016 das Studium wieder auf. Es ist das erste Mal, dass er etwas nicht zu Ende führt. Noch einmal wechselt Victor Nettey seinen Arbeitsplatz, um seine Expertise zu vervollständigen, dieses Mal in einer Geflügelmetzgerei.

Kurz darauf beginnt Victor Nettey sich nach einer geeigneten Metzgerei umzusehen, die zur Übernahme angeboten wird. Auch privat entwickelt sich sein Leben weiter. Inzwischen ist er Vater eines kleinen Sohnes. Seine weiße deutsche Lebensgefährtin und er erwarten ihr zweites Kind.

Seine Kinder sollen es einmal leichter haben im Leben als er. »Sie sollen es leichter haben, aber sie sollen sich ihren Weg schon selbst erarbeiten. Dennoch möchte ich sie unterstützen können«, sagt er bestimmt.

Victor Nettey lässt sich bei seinem Vorhaben von der Handwerkskammer beraten. Bald findet er in der Nähe von Pirmasens tatsächlich eine Metzgerei, für die ein Nachfolger gesucht wird. Er kündigt seinen Arbeitsplatz in der Geflügelmetzgerei und gibt sein gewohntes Umfeld auf. Zunächst ohne seine junge Familie zieht er nach Pirmasens, um sich von den bisherigen Besitzern in die Metzgerei einführen zu lassen. Der junge Metzgermeister arbeitet sich gut ein.

Anfang 2017 soll das zweite Kind zur Welt kommen. Zur gleichen Zeit soll auch die Geschäftsübernahme der Metzgerei erfolgen. Doch die Besitzer werden auf einmal unsicher, ob es der junge Vater neben seiner Familie schafft, das Geschäft zu führen und es weiter auszubauen. Sie hätten es ihm nicht mehr zugetraut, sagt Victor Nettey. Die Besitzer ziehen ihr Verkaufsangebot zurück, die Geschäftsübergabe kommt nicht zustande und das Arbeitsverhältnis endet.

Nun ist guter Rat teuer. Da kommt Victor Netteys Vater ins Spiel. Er hat sich inzwischen selbst eine Metzgerei in der Pfalz gekauft. Zwar ist er kein gelernter Metzger, aber er hat als junger Mann in seiner Heimat gelernt, Fleisch zu verarbeiten. Victor Nettey steigt ins väterliche Geschäft ein. Er ist dafür zuständig, Produkte von heimischen Metzgereien einzukaufen, die dann im Ladengeschäft angeboten werden. »Das war toll und ich war glücklich, das Geschäft lief gut an, die Akzeptanz war insgesamt sehr zufriedenstellend.«

Der Wink mit dem Zaunpfahl

Doch Victor Nettey fühlt sich als Speyrer Bub. Dort ist er aufgewachsen, dort kennen ihn die Leute, dort will er seine eigene Metzgerei haben. Ein befreundeter Geschäftsmann erzählt ihm von einer Metzgerei in Speyer, die dringend einen Nachfolger sucht. Für Victor Nettey ein Wink mit dem Zaunpfahl. Die Metzgerei mag er sehr, die Zusammenarbeit zwischen Vater und Sohn gestaltet sich auf Dauer jedoch nicht so einfach. »Ach, wenn mein Vater und ich zu sehr aufeinandersitzen, dann gibt es schon mal Diskussionen. Trotzdem hat es Spaß gemacht, mit ihm zu arbeiten«, sagt Victor Nettey und grinst.

Er stellt eine Mitarbeiterin in dem bestehenden Geschäft ein und knüpft Mitte 2017 erste Kontakte zu der Metzgerei Heiss in Speyer. Auch dort wird er zunächst angestellt, um von dem Metzgermeister eingearbeitet zu werden. Victor Nettey erinnert sich an seine Erfahrung in Pirmasens und hofft sehr, dass man ihm dieses Mal, trotz der mittlerweile zwei kleinen Kinder, die Geschäftsübernahme zutraut.

Und es klappt, seit August 2018 ist Victor Nettey selbstständiger Metzgermeister und Pächter der Metzgerei Heiss in Speyer. Zwar unterstützt ihn der ehemalige Metzgermeister noch zwei- bis dreimal in der Woche und entlastet ihn damit. Dennoch trägt Victor Nettey die volle Verantwortung für das Geschäft und seine

14 Mitarbeiterinnen und Mitarbeiter, die er zum Teil übernommen, zum Teil neu eingestellt hat. »Mir war von Anfang an klar, dass ich mir den Respekt erarbeiten muss bei den Mitarbeiterinnen und Mitarbeitern. Ich muss zeigen, dass ich mein Handwerk kann.« Victor Nettey ist sich bewusst, dass er noch nicht über die gleichen Erfahrungen verfügt wie ein alteingesessener Metzgermeister. Schließlich arbeite er noch nicht so lange in dem Beruf.

Ob er als Chef akzeptiert wird, frage ich nach. »Ja«, lacht Victor Nettey, »klar, ich bin es, der ihnen den Lohn zahlt.« Negative Situationen habe es bislang nicht gegeben, die Zusammenarbeit funktioniere sehr gut.

Victor Nettey ist angekommen. Seine eigene Metzgerei ist sein neuer Wohlfühlort. Inzwischen ist er durch die sozialen Medien über Rheinland-Pfalz hinaus bekannt. Er erfährt viel Zuspruch, die Geschäfte laufen gut, wie er sagt.

Positive Stimmen

Im Sommer 2021 kommt es jedoch zu einem Eklat. Ein Mann, der anscheinend bis zur Übernahme der Metzgerei durch Victor Nettey dort Kunde gewesen ist, veröffentlicht einen Post auf Victor Netteys Facebook-Seite, er würde diese Metzgerei nicht mehr mögen, weil sie von dem »farbigen Victor Nettey« weitergeführt werde. Dieser Post löst eine Welle der Empörung und Solidarität aus, und das sowohl auf Facebook wie auch in den Lokalblättern. Es tut gut, zu lesen, wie groß der Zuspruch ist, wie viele Menschen sich mit »ihrem« Metzgermeister Nettey verbunden fühlen. Diese Reaktion zeigt, dass es eine Vielzahl positiv eingestellter Menschen in der Gesellschaft gibt. Es ist wichtig, sie wahrzunehmen und sich nicht von den anderen, negativen Stimmen in die Irre führen zu lassen. Letztlich zeigen sie nur, dass die positiven Stimmen die Mehrheit bilden.

Victor Nettey ist entsetzt, er weiß jedoch selbstbewusst, auch aufgrund der erfahrenen Unterstützung, mit dieser Situation umzugehen. »Neid muss man sich hart erarbeiten, also habe ich alles richtig gemacht«, schreibt er dem Verfasser des rassistischen Kommentars auf Facebook zurück. Victor Nettey, inzwischen dreifacher Vater, ist stolz auf das, was er beruflich erreicht hat. Das, so sagt er, lässt er sich von niemandem zerstören. Auf solche Kunden kann er sehr gut verzichten.

Zum Schluss unseres Gespräches möchte ich wissen, was sich Victor Nettey für seine eigenen Kinder wünscht, war doch sein Lebensweg nicht immer einfach. Seine Kinder, so sagt er, sollen Ehrgeiz entwickeln, sie sollen sich klarmachen, was sie in ihrem Leben erreichen wollen und zu ihren Zielen stehen. Die Kinder müssen fleißig sein. Auch wenn er mit der Black-Lives-Matter-Bewegung nicht wirklich etwas zu tun habe, wünsche er sich für seine Kinder ein friedliches und gutes Leben in ihrem deutschen Zuhause. »Ich bin ein Speyrer Bub und fühle mich hier zu Hause, und das wünsche ich mir auch für meine Kinder!«

Juliana Luisa Gombe,
Betriebswirtin und Bildungswissenschaftlerin, Magdeburg
Sachsen-Anhalt, mit Wurzeln
in Angola, Südwestafrika

Dein Brot kannst du auch mit anderen teilen

Juliana Luisa Gombe, Betriebswirtin und Bildungswissenschaftlerin

Wer ist diese Frau?

Aufgeregt und mit leiser Stimme stellt sich Juliana Luisa Gombe mir vor. Den Kontakt zu ihr erhielt ich über mehrere Personen. Ich hatte bis dahin noch nie etwas von ihr gehört. Dass das erstaunlich war, wird mir am Ende unseres Gespräches klar sein.

»Danke, dass du dich für unsere Geschichten interessierst«, sagt Juliana Luisa Gombe. »Meine Tochter wird später anrufen. Sie will wissen, wie unser Gespräch verlaufen ist.« »Mama«, soll sie zuvor gesagt haben, »deine Geschichte muss in das Buch, denn sie ist wichtig.«

So bitte ich Juliana Luisa Gombe, mir ihre Geschichte zu erzählen.

1969 wird sie als siebtes von neun Geschwistern in Luanda, der Hauptstadt des südwestafrikanischen Staates Angola, geboren. Ihre Mutter ist Lehrerin und katholisch, ihr Vater Diplomat und protestantisch. Sie wächst in einem gläubigen Elternhaus auf, dessen Türen für jeden Menschen offen stehen. Außer den sieben Jungs und zwei Mädchen leben noch viele weitere Kinder in der Familie. Es sind zum Teil verwandte, zum Teil aber auch bedürftige Kinder. Juliana Luisa Gombe lernt früh von ihren Eltern, dass es wichtig ist, füreinander da zu sein, Egoismus wird in der Familie nicht geduldet. »Als Kind habe ich mich immer gewundert, wie viele Cousins und Cousinen wir hatten. Erst als ich schon fast erwachsen war, begriff ich, dass die Kinder oft gar nicht mit uns verwandt waren. Es waren Waisenkinder, denen unsere Eltern ein Zuhause geben wollten.«

Berufung

Nach der Grundschule wechselt Juliana Luisa Gombe auf ein katholisches Mädcheninternat. Ihre Mutter, eine gläubige Katholikin, ist sehr stolz auf ihre Tochter. Sie selbst engagiert sich in der Kirche, gibt Religionsunterricht, liebt die Arbeit mit den Kindern. Juliana mag den Umgang mit den Kleinen ebenfalls und hegt zunächst den Berufswunsch, Kinderärztin zu werden. Ihre Mutter weiß, dass sie noch einen weiteren großen Wunsch hat. Sie möchte Teil der katholischen Kirche werden, nicht als normales Mitglied, sondern als Nonne. Das katholische Mädcheninternat ist ein erster Schritt auf diesem Weg zu einer Lebensform, auf die sich Juliana Luisa Gombe freut. In Angola führen Nonnen nicht nur ein Klosterleben, erzählt sie mir, sie arbeiten zudem in Schulen, Krankenhäusern oder Kindergärten, sind Ärztinnen, Lehrerinnen oder Erzieherinnen.

Juliana Luisa Gombe macht 1986 mit 17 Jahren ihr Abitur. Sie ist eine sehr gute Schülerin, ihr Abitur absolviert sie als eine der Besten. Dennoch fehlen ihr 0,5 Punkte in den Fächern Chemie und Physik. Zu ihrer großen Enttäuschung verfehlt sie damit knapp die Zulassungsberechtigung für das angestrebte Medizinstudium. Ihren Traum, Nonne zu werden, gibt sie aber nicht auf. Sie besorgt sich die nötigen Unterlagen, um als Novizin in ein Kloster eintreten zu können. Da in Angola jedoch die gesetzliche Volljährigkeit erst mit 21 Jahren erlangt wird, braucht sie die Unterschrift ihres Vaters.

Die Sommerferien haben begonnen. Bis die Unterlagen eingereicht werden müssen, ist noch Zeit. »Du hast so viel gelernt, ein hervorragendes Abitur gemacht, du hast dir Ferien verdient«, wird sie von ihrem Vater gelobt, der sie zusammen mit ihrem älteren Bruder für drei Monate nach Russland, in die damalige Sowjetunion, schickt. Juliana Luisa Gombe freut sich auf die Auszeit, sie weiß, dass danach wieder ihr voller Einsatz gefordert ist.

Auslandsaufenthalte sind ihr nicht fremd. Aufgrund der diplomatischen Tätigkeit des Vaters hatte die Familie schon öfter Gelegenheit, europäische Länder kennenzulernen. Die damalige Sowjetunion gilt als Bruderstaat Angolas und war somit auch wiederholt Reiseziel der Familie. Juliana freut sich auf die Reise. Auch die Mutter ist froh, dass ihre Tochter diese Reise unternehmen darf, und es erfüllt sie mit Stolz, dass Juliana nach ihrer Rückkehr als Novizin in ein Kloster gehen wird. Dass dafür noch die Unterschrift des Vaters fehlt, ist auch der Mutter bewusst. Der Vater, ein bekennender Protestant, kennt die Pläne seiner Tochter. Er schlägt seiner Frau vor, dass sie im Dezember ebenfalls in die Sowjetunion reisen, um dann ihre Tochter wieder mit nach Hause zu nehmen.

Zusammen mit ihrem ältesten Bruder tritt Juliana Luisa Gombe die Reise nach Moskau an. Drei Monate sind lang und so beschließt der Bruder, der in Moskau ein Studium beginnen will, seine Schwester mit zu dem Vorbereitungskurs in russischer Sprache zu nehmen, den er zu absolvieren hat. Da Juliana bei all ihren Auslandsaufenthalten stets bestrebt ist, so viel wie möglich von der Landessprache mitzunehmen, sieht sie auch dies als eine willkommene Chance, ihre Russischkenntnisse zu erweitern.

Die Zeit vergeht. Juliana wartet auf eine Nachricht der Eltern, wann diese nach Moskau kommen, um sie abzuholen. Doch es trifft keine Nachricht ein. So beschließt sie, ihren Eltern ein Telegramm zu senden, um nachzufragen. Sie kann nicht einfach nach Hause fliegen, weil sie nur ein Hinflug-Ticket hatte. Diesmal antwortet der Vater prompt. Sie soll in Kiew ein Studium aufnehmen, teilt er ihr lapidar mit, eine Rückreise sei vorerst nicht geplant.

»Du kannst dir nicht vorstellen, wie ich mich damals gefühlt habe«, sagt Juliana Luisa Gombe, immer noch fassungslos den Kopf schüttelnd. »Dieser Moment erfüllt mich bis heute mit großer Wehmut und Traurigkeit.« Ihr Vater habe gewusst, wie groß ihr Wunsch war, Nonne zu werden und zu studieren. Für sie sei es nicht nur um einen Beruf gegangen, sondern es sei eine Berufung gewesen. »Ich wollte Menschen helfen, wollte mich für sie einsetzen, das war mein Lebenstraum und den hat mir mein Vater genommen. Er hat einfach über mein Leben bestimmt, das war nicht fair.«

Später war ihr klar, dass ihr Vater sie davon abbringen wollte, Nonne zu werden, deshalb das Auslandsstudium. »Und was noch schlimmer war, mein Bruder wusste von Anfang an Bescheid. Er war eingeweiht. Ich war so wütend auf alle.«

Der Plan stand längst fest. Für Juliana Luisa Gombe gibt es keine Alternative. Sie muss zum Studium nach Kiew, während ihr Bruder in Moskau bleibt. Ein Apartment für sie hat er in Absprache mit dem Vater bereits angemietet.

Auf Geheiß des Vaters beginnt Juliana Luisa Gombe ein zwölfsemestriges Studium der Betriebswirtschaft und Kommunikation. Ihren sehnlichen Wunsch, in den Semesterferien einmal nach Hause zu fliegen, nach Angola, erfüllt ihr der Vater nicht. Zu groß ist seine Sorge, die Tochter könne dann doch noch in ein Kloster eintreten. 1990 ist sie volljährig und auf die Unterschrift des Vaters nicht mehr angewiesen. Das ist dem Vater ebenso bewusst, deshalb wird ihr ein Besuch zu Hause nicht gestattet.

Gefühle von Wut und Enttäuschung dem Vater gegenüber sind groß. Einmal besuchen ihre Eltern sie in Kiew. Sie weigert sich jedoch, mit ihrem Vater auch nur ein Wort zu wechseln. Juliana

Luisa Gombe ist dennoch fleißig. Während ihres Studiums lernt sie auch ihren späteren Mann kennen, einen angolanischen Journalismus-Studenten.

Zukunftschancen

1993 beendet Juliana Luisa Gombe ihr Studium mit einem Diplom und darf endlich in ihre Heimat zurückkehren. »Der Vorteil eines Studiums im Ausland war«, erklärt sie mir, »dass man sofort eine Arbeit fand.« Und so erhält sie prompt eine Stelle im Finanzministerium. Es ist der Anfang einer nicht unwesentlichen Karriere. Doch was wurde aus ihrem Herzensanliegen, Nonne zu werden und Menschen zu helfen?, frage ich nach. Dieser Wunsch hätte nicht mehr so im Vordergrund gestanden. Sie hätte damals dann ihren Freund, den Journalisten, in Luanda geheiratet.

Beide lieben ihr Land, das an Bodenschätzen reiche Angola. Das Bedürfnis, zu helfen, zu unterstützen, sich einzubringen, verbindet das Ehepaar. Ihr Mann arbeitet für eine Redaktion, verfasst aufklärende Texte, Juliana Luisa Gombe hilft ihm dabei nach der Arbeit. Sie hat Freude an dieser Aufgabe. Eine Aussöhnung mit ihrem Vater findet hingegen nicht statt. Obwohl ihr Vater darauf hofft, dass sich seine Tochter eines Tages als dankbar erweist. Doch bis zu seinem Tod wird das Thema nie mehr angesprochen, erst recht nicht geklärt.

Juliana Luisa Gombe wird Mutter einer Tochter, die Prioritäten in ihrem Leben verändern sich. Ihrer Arbeit im Finanzministerium geht sie zunächst weiter nach. Das Ehepaar engagiert sich nach wie vor politisch, veröffentlicht kritische Texte und Magazinbeiträge. Ihr Engagement wird nicht gern gesehen, es macht das Leben für die kleine Familie nicht einfacher. Im Gegenteil, es kommt so weit, dass sie sich verstecken müssen. Das Ehepaar beschließt, Angola zu verlassen und nach Deutschland auszuwandern. Ihr Vater unterstützt sie. Ja, für diese Hilfe sei sie ihm dankbar gewesen, sagt Juliana Luisa Gombe.

Eine neue Welt

Die junge Familie kommt im Februar 1996 am Flughafen Schönefeld an. Alles ist fremd, neu, ungewohnt. Zunächst werden sie in einer vorläufigen Unterkunft untergebracht. Das ist nicht das, was sich das Ehepaar vorgestellt hat. »Doch ich war dankbar«, sagt Juliana Luisa Gombe, »schließlich war es unsere Entscheidung, nach Deutschland zu gehen. Also gab es keinen Grund, sich über diese Situation zu beschweren.« Der Aufenthalt in Schönefeld ist nicht von langer Dauer. Es geht bald weiter nach Halberstadt, in die zentrale Aufnahmestelle für Menschen mit Fluchterfahrung. In einer umgebauten ehemaligen russischen Kaserne wird die Familie sechs Monate verbringen.

Juliana Luisa Gombe möchte nicht nur herumsitzen und keine Aufgabe haben. Sie will etwas tun, sich in die deutsche Gesellschaft integrieren. Sie lässt sich beraten, um ihr betriebswirtschaftliches Diplom aus Kiew anerkennen zu lassen. Doch zu der Anerkennung ihres Studienabschlusses kommt es nicht. Anders verhält es sich bei ihrem Abiturzeugnis aus Angola, es wird zu ihrer großen Überraschung anerkannt. Eine Tätigkeit kann sie dennoch nicht aufnehmen. Es ist viel Geduld gefordert, was nicht immer leichtfällt. Behördengänge, Sprachschwierigkeiten, das Leben in der Unterkunft mit Menschen aus unterschiedlichen Kulturkreisen sind die Herausforderungen im Alltag des Ehepaares. Nach sechs Monaten in Halberstadt werden sie erneut umgesiedelt. Magdeburg, die Landeshauptstadt Sachsen-Anhalts, ist das neue Ziel.

Ich frage, welchen Aufenthaltsstatus sie damals hatten, denn das Umsiedeln und die Unsicherheit, wie es generell weitergeht, sind ja sehr belastend.

Die Familie erhält in Magdeburg eine sechsjährige Duldung mit der Auflage, diese alle drei Monate bei der örtlichen Ausländerbehörde bestätigen zu lassen. Die Familie vergrößert sich. 1999 und 2001 kommen die Söhne zur Welt. Juliana Luisa Gombe wechselt mit ihrer Familie die Unterkünfte, sie macht sich nützlich, wo sie kann, hat 2-DM-Jobs. »Es war mir immer wichtig, mit der Bevölkerung in Kontakt zu kommen, die Sprache und die Kultur zu lernen. Ich wollte mich nie abgrenzen.« So lernt sie Menschen kennen, die regelmäßig die Hoffnungsgemeinde, eine nahe gelegene evangelische Kirche, und einen Sportverein besuchen.

Nichts ist Juliana Luisa Gombe zu viel oder zu geringwertig. Ob Putzen oder Handarbeit, sie übernimmt die verschiedensten Tätigkeiten. Natürlich seien diese kleinen Jobs weit unter ihren Möglichkeiten gewesen, angesichts ihres Studiums und ihrer beruflichen Erfahrung. Doch das habe sie zunächst nicht gestört. Sie habe die Situation so genommen, wie sie war. Dankbarkeit sei stets ihr oberstes Gebot. »Ich denke, dass meine Einstellung und der Wille, mich zu integrieren, die Behörden letztlich überzeugt haben.«

2002 ist es so weit, die fünfköpfige Familie erhält eine befristete Aufenthaltsgenehmigung, die es ihr erlaubt, sich eine eigene Wohnung zu suchen. Zukunftschancen scheinen sich nun aufzutun. Doch meist kommt es anders als geplant. Kurz vor dem Umzug in die eigene Wohnung erwischt Juliana Luisa Gombe ihren Mann in flagranti. Was soll sie tun als Mutter von drei kleinen Kindern? Ihm verzeihen, über die Situation hinwegsehen?

Juliana Luisa Gombe hat das Gefühl, den Boden unter den Füßen zu verlieren. Nach fast sieben Jahren in Deutschland, um für die Familie ein besseres Leben zu erkämpfen, nach überstandener Duldung und mit der endlich erhaltenen Aufenthaltsgenehmigung steht sie nun vor den Trümmern ihrer Ehe. Was soll sie als alleinerziehende Mutter mit drei kleinen Kindern in Deutschland machen? Wie soll es weitergehen? Zurück nach Angola kann und will sie nicht. Soll sie versuchen, ihre Ehe zu retten, Augen zu und durch in der Hoffnung, dass sich das nie wiederholt?

Juliana Luisa Gombe ist verzweifelt, sie bittet ihren Mann, zu ihr zurückzukommen, doch er lacht sie nur aus. Es liegt nun bei ihr und sie trifft eine klare Entscheidung: »In dem Moment, als er mir ins Gesicht lachte, wurde mir klar, dass ich meinen Kindern zuliebe aufhören muss, mich selbst zu bedauern. Schluss mit den Tränen, Schluss mit dem Jammern, und das Leben hatte mich wieder. Die Leute fragten mich, was auf einmal passiert sei. Jeder sah, dass es mir wieder gut ging.«

Ein Neuanfang

Mit ihren drei Kindern bezieht sie eine Wohnung in Magdeburg, lässt ihre Ehe hinter sich, konzentriert sich auf ihre Zukunft. Da ihr Abitur anerkannt wird, beschließt sie, im Alter von 40 Jahren ein Studium der Bildungswissenschaften aufzunehmen. Natürlich habe sie nebenbei gejobbt, sagt sie, sie sei sich in der Situation auch für nichts zu schade gewesen. Sie habe geputzt, gekellnert und im Fitnessstudio gearbeitet.

Ihr Studium gefällt ihr. Juliana Luisa Gombe weiß, dass sie nach bestandenem Examen mit Menschen arbeiten kann, das ist ihr wichtig. Fast entschuldigend merkt sie an, dass sie wegen der Kinder fünf statt drei Jahre studiert hat. 2015 macht sie ihren Bachelor in Bildungswissenschaften mit der Note »gut«.

Ich bin beeindruckt, wie sie die Höhen und Tiefen in ihrem Leben gemeistert hat. »Ach«, sagt sie auf ihre bescheidene Art, »es war nicht alles einfach.« Das Leben während ihres ersten Studiums sei hart gewesen. Aufgrund ihrer Hautfarbe habe sie sich lange nicht akzeptiert gefühlt. Doch ihre Mehrsprachigkeit sei ihre Stärke. Wegen der Tätigkeit ihres Vaters habe sie die Chance gehabt, viele europäische Länder zu besuchen. Aus diesem Grund spreche sie neben den vier Hauptstammessprachen auch Englisch, Französisch, Portugiesisch, Spanisch, Russisch und Deutsch. Das verschlägt mir die Sprache. Juliana Luisa Gombe beruhigt mich und erklärt mir die Geschichte Angolas. Sie sei mit Portugiesisch und Spanisch aufgewachsen, da Angola sowohl portugiesische wie spanische Kolonie gewesen ist.

Verzeihen können

Auch in Magdeburg, erzählt sie, sei ihr Leben nicht immer einfach gewesen. Sie fasst sich an ihre linke Hand. »Früher habe ich Klavier und Gitarre gespielt, heute geht das nach dem Vorfall nicht mehr.« Welcher Vorfall, will ich wissen. Na ja, sagt sie, 2004 sei sie von zwei jungen Menschen überfallen und tätlich angegriffen worden. Sie sei auf dem Weg von der Kirche nach Hause gewesen und da sei es passiert. Sie hatte zwei ihrer drei kleinen Kinder dabei, zum Glück sei ihnen nichts passiert. Erst im Krankenhaus sei sie wieder zu sich gekommen. Aber ihre linke Hand könne sie seitdem nicht mehr richtig bewegen. Zwar habe es ein Gerichtsverfahren gegeben und auch ein Urteil, Freunde würden ihr dennoch bis heute raten, in eine andere Stadt zu ziehen.

»Aber«, so sagt sie und das klingt fast wie eine Liebeserklärung, »ich habe verziehen und kann meine Stadt Magdeburg doch nicht einfach verlassen.« Es sei eine wunderschöne Stadt, ruhig, die Kinder hatten ein gutes Umfeld, besonders als sie klein waren. Außerdem, so erklärt sie weiter, müsse doch jemand etwas gegen den Alltagsrassismus tun. Einfach wegzuziehen, wäre damals und auch heute nicht richtig, die Stadt könne ja nichts dafür. Sie habe damals Unterstützung erfahren, sei geblieben und habe verziehen. »Verzeihen zu können, ist das Wichtigste«, sagt Juliana Luisa Gombe.

Ich höre ihr mit Bewunderung zu. Es interessiert mich, wie es beruflich bei ihr weitergegangen ist.

2011 erhält Juliana eine Stelle als Streetworkerin beim Internationalen Bund, einem Sozial- und Bildungsträger. Sie liebt ihre Arbeit. Mit Menschen zu tun zu haben, bereitet ihr Freude, auch wenn sie nicht angemessen bezahlt wird. Unfair, wie ich finde, doch Juliana reagiert auf ihre besonnene Art. »Ach, weißt du«, wendet sie ein, »ich hatte doch nur mein Abitur und galt als ungelernt. Deshalb habe ich ja das Studium begonnen.«

»Und zusätzlich gejobbt«, ergänze ich, und das als Alleinerziehende mit drei Kindern. Nach Abschluss ihres Studiums 2015 ändert sich die finanzielle Situation schlagartig. Ihr Arbeitgeber justiert nach und zahlt fortan das Gehalt, das einer abgeschlossenen Bildungswissenschaftlerin zusteht. Für Juliana Luisa Gombe ein Meilenstein. Ebenfalls erhält sie nun Kindergeld für ihre drei Kinder und eine unbefristete Aufenthaltsgenehmigung. Wie sich das anfühlt, nicht mehr bangen zu müssen, ob man in dem Land, in dem man sich integriert hat, in dem sich die Kinder wohl und heimisch fühlen, auch weiterhin leben zu dürfen, kann sich nur eine Person vorstellen, die das selbst erlebt hat. Juliana Luisa Gombe ist noch jetzt die Erleichterung anzumerken.

Angekommen

Mich interessiert ihre Arbeit als Streetworkerin und ich möchte mehr darüber erfahren. Seit 2014/15 betreut Juliana Luisa Gombe Menschen mit Fluchterfahrung, sie kennt deren Situation aus eigenem Erleben. Juliana unterstützt die Frauen und Männer bei Behördengängen und Antragstellungen, hilft bei sprachlichen Hürden und Fragen des täglichen Lebens, auch in der Schule. Durch ihre Arbeit ist sie bekannt. Die Öffentlichkeit nimmt diese Frau wahr, die beruflich und privat Unterstützung leistet, sich im Behördendschungel auskennt, der Menschen mit anderen Wurzeln vertrauen.

Und ganz nebenbei, als wäre das keine Besonderheit, erwähnt Juliana Luisa Gombe, dass sie aufgrund ihres Engagements 2014 auf den zweiten Platz des Magdeburgers des Jahres gewählt wurde. Kein Wunder, dass bundesweit die Medien auf diese Frau aufmerksam werden, die sich ruhig und beharrlich für die Rechte der Menschen, die mit nichts in Deutschland ankommen, einsetzt.

Ihr unermüdlicher Einsatz für die Integration von Zugewanderten in und um Magdeburg führt dazu, dass ihr 2015 der Publikumspreis »Goldene Henne« in der Kategorie Charity verliehen wird. Ebenfalls 2015 wird sie als Botschafterin für Demokratie und Toleranz geehrt. Mit diesem Preis fördert die Bundesregierung zivilgesellschaftliches Engagement gegen Extremismus und Gewalt. Außerdem erhält sie im gleichen Jahr noch den Integrationspreis des Landes Sachsen-Anhalt für besonderes individuelles Engagement in der Ausländer- und Flüchtlingsarbeit.

Juliana Luisa Gombe wird um Interviews gebeten. Ihr werden viele Fragen gestellt, eine hat weitreichende Folgen. Angesichts ihres Einsatzes für den Aufenthaltsstatus anderer fragt ein Journalist nach, welchen Status sie selbst hat. Juliana Luisa Gombe antwortet wahrheitsgemäß, dass sie eine unbefristete Aufenthaltsberechtigung besitzt. Sie ahnt nicht, welchen Sturm der Entrüstung ihre Antwort auslösen wird, weil sie, eine Frau, die seit mehr als 15 Jahren in Deutschland lebt und sich für die Integration von Menschen mit anderen Wurzeln einsetzt, noch nicht eingebürgert ist. Juliana Luisa Gombe hat sich das selbst noch nie überlegt, sie war einfach dankbar für den Status, den sie hatte.

Ab da ging alles ganz schnell, erzählt sie weiter. Von Seiten der Ausländerbehörde erhält sie einen Anruf, man erwarte schnellstmöglich ihren Einbürgerungsantrag. »Stell dir vor«, sagt sie stolz, »innerhalb von drei Monaten wurde mir 2017 meine Einbürgerungsurkunde ausgehändigt. Ich war Deutsche.« Die Presse verfolgt diesen Prozess, sie wird gefragt, wie sie sich nun fühle. Aber Juliana Luisa Gombe muss die Journalistinnen und Journalisten enttäuschen. »Ich habe mich schon vorher deutsch gefühlt«, bekennt sie, die Einbürgerung sei einfach nur eine Formalität gewesen.

Ein Jahr später, 2018, wird Juliana Luisa Gombe vom Bundespräsidenten Frank-Walter Steinmeier das Bundesverdienstkreuz für ihren Einsatz gegen Rassismus, für ein friedliches Zusammenleben und für Demokratie überreicht.

Ich schäme mich, dass ich von dieser engagierten Frau zuvor noch nie etwas gehört habe.

Juliana erzählt freimütig, dass sie sich oft frage, was ihre Identität sei. Es heiße doch, die Sprache der Träume verrate die wahre Identität. Sie träume jedoch noch immer vor allem auf Portugiesisch, manchmal auf Französisch und eher selten auf Deutsch. Trotzdem, Deutschland sei ihre Heimat.

Sich und andere stärken

Seit 2018 ist Juliana Luisa Gombe bei der Volkssolidarität, Landesverband Sachsen-Anhalt e.V., angestellt. Hier unterstützt sie Menschen mit körperlichen und seelischen Beeinträchtigungen und deren Angehörige. Das Projekt »Ergänzende unabhängige Teilhabeberatung«, kurz EUTB genannt, beschreibt sie als ihr Herzensprojekt, ihr »Baby«, wie sie sagt. Es sei eine ergänzende unabhängige Teilhabeberatung, die vom Bundesministerium für Arbeit finanziert wird. Für die Ausübung dieser Arbeit habe sie eine Grundqualifizierung durchlaufen. Juliana ist es wichtig, in allem, was sie tut, professionell zu sein.

Angesichts dieses Lebens voller Höhen und Tiefen frage ich sie, woher sie ihre Kraft nimmt. Wie schafft sie es, nach all den Schicksalsschlägen und Enttäuschungen dennoch Optimismus zu verbreiten?

Nun, sagt sie, sie liebt die Stadt, in der sie lebt. Sie liebt die Nähe zum Wasser, hier die Elbe, die ihr Kraft gibt. Magdeburg erinnert sie dann auch ein wenig an Luanda. Dort hat sie unweit vom Atlantik gelebt und ist nach der Arbeit oft zum Wasser gegangen, um Kraft zu tanken.

Außerdem will sie ein Vorbild sein für all jene Menschen, die fremd nach Deutschland kommen. Sie will zeigen, dass es sich lohnt, sich zu integrieren. Sie will zeigen, dass Menschen, die aus dem Ausland kommen, den gleichen Respekt, die gleiche Wertschätzung verdienen wie diejenigen, die als hierhergehörend betrachtet werden. Der christliche Glaube und die bedingungslose Nächstenliebe bilden das Fundament ihres Lebens. Es freut sie, wenn sie Menschen dazu anregen kann, zu reflektieren und ihre Denkschubladen zu entrümpeln.

»Meine Eltern, besonders meine Mama, haben uns beigebracht, zu lernen, zu verzeihen, um inneren Frieden zu erlangen, denn erst dann kann man ihn auch an andere weitergeben.«

Dieser Glaubenssatz steht auch in der Satzung ihres Vereines »Toleranz lernen und leben e.V.«, den sie 2016 zur Unterstützung von Kindern und Jugendlichen und deren Angehörigen gegründet hat. In dem Verein mit seinen etwa 50 Mitgliedern gibt und organisiert sie Nachhilfe, übernimmt Elternarbeit, bietet Mädchengruppen an. Sie führt durch öffentliche Einrichtungen wie Bibliotheken und kooperiert mit Unterkünften für Menschen mit Fluchterfahrung. Das Schöne an diesem Verein ist, sagt Juliana, dass er multikulturell ist, Schwarze und weiße deutsche Mitglieder hat und niemanden aufgrund seiner Herkunft ausgrenzt. Bildung, betont sie, ist das Wichtigste, was zugewanderte Kinder und Jugendliche neben Nahrung zur Stärkung benötigen.

Juliana sagt, sie sei ein Mensch, der zuhören kann. Das sei eine Eigenschaft, die sowohl in ihrem Beruf wie auch in der Vereinsarbeit sehr geschätzt wird. Gerade einsame Menschen wenden sich an sie. Sie wisse aber auch, wann sie Grenzen setzen müsse. Am Wochenende beispielsweise schaltet sie ihr Diensthandy aus. Sie achtet auf ihre seelische Gesundheit. Lange sei es ihr schwergefallen, nein zu sagen, das habe sie erst mit der Zeit gelernt und nun sei sie mit sich im Reinem.

Ihre vielfältigen Aktivitäten füllen sie aus und sie fühlt sich nie allein. Außerdem habe sie seit 1998 in einer weißen älteren Frau ihre Magdeburger Mama gefunden und ihre Kinder damit ihre Magdeburger Oma.

Zu Beginn unseres Gespräches war Juliana Luisa Gombe aufgeregt und zurückhaltend, nun, am Ende, gibt sie mir eine

Botschaft mit. »Wenn man merkt«, sagt sie mit sanfter Strenge, »dass einem etwas guttut, muss man es für sich konservieren, es mehren. An Freude, Ruhe, Würde festzuhalten, ist sehr wichtig.« Alles andere habe in ihrem Leben keinen Platz mehr, das habe sie gelernt.

Chantale Bierou,
Gesundheits- und Kinderkrankenpflegerin,
Heidelberg, Baden-Württemberg,
mit Wurzeln in der Elfenbeinküste, Westafrika

Kleine Kinder achten nicht auf die Hautfarbe

Chantale Bierou, Gesundheits- und Kinderkrankenpflegerin

Die Kraft des Positiven

»Egal, wie die Menschen mich anschauen, was sie über mich denken, sagen und mit welchen Stereotypen sie mich belegen, wichtig ist, wie ich mich sehe und dass ich ihre Klischees nicht bediene.«

Dieses Statement, das sich wie ein roter Faden durch ihr Leben zieht, setzt Chantale Bierou gleich zu Beginn unseres Gespräches. Und ich nehme es der in Danané geborenen Gesundheits- und Kinderkrankenpflegerin auch sofort ab.

Chantale Bierou wird 1977 als siebtes von neun Kindern geboren. Im Ausland zu leben, gar nach Deutschland auszuwandern, liegt ihrer kindlichen Vorstellungswelt fern. Sie wächst behütet auf. Ihre Mutter kümmert sich um den großen Haushalt. »Von meiner Mutter habe ich diese durch und durch positive Lebenseinstellung«, sagt sie und ergänzt, dass sie kritisches und negatives Denken erst hier in Deutschland gelernt habe. Dieses negative Denken jedoch ihren Alltag bestimmen zu lassen, erlaubt sie sich nicht. Der Vater verdient das Geld und sorgt damit für den Lebensunterhalt der Familie.

Wunsch nach Zukunft

Sie wächst in Kouibly auf, geht dort zur Schule, strebt das Abitur an. Schon früh beschließt sie, sich mit Sprachen zu beschäftigen und belegt Deutsch als Leistungskurs. Nach dem Abitur will sie Germanistik studieren. Vier Semester lang besucht sie die Universität und legt das Vordiplom ab. Wie bereits bei einem anderen Gespräch erfahre ich auch hier, wie schwer es um die Jahrtausendwende in der Elfenbeinküste gewesen sein muss, regelmäßig die Schule und die Universität zu besuchen.

Chantale Bierou erzählt, dass aufgrund von Unruhen ein Jahr lang der Schul- und Universitätsbesuch ausgesetzt werden musste. Sie überlegt sich, was sie mit ihrem noch nicht abgeschlossenen Studium anfangen kann. Zum ersten Mal kommt ihr der Gedanke, ins Ausland zu gehen. Sie hört von anderen, wie gewinnbringend Au-pair-Aufenthalte im Ausland sein können, vor allem, wenn man ohnehin die Sprache studiert. Eine gute Gelegenheit also, denkt sich die junge Frau, ihre Deutschkenntnisse zu vervollständigen. Chantale Bierou bewirbt sich bei einer entsprechenden Organisation und hat Erfolg. Im Januar 2001 erhält sie eine zehnmonatige Au-pair-Stelle im rheinland-pfälzischen Birkenheide bei Maxdorf.

Noch gut erinnert sie sich an ihre Ankunft am Frankfurter Flughafen. »Natürlich hatte ich eine Vorstellung von Deutschland«, sagt sie lachend, »ich habe mich damals nur nicht mit der aktuellen Wetterlage beschäftigt.« Und so steht sie, aus einer Gegend mit 38 Grad kommend, mit einer dünnen Jacke in einer deutschen Stadt, in der 5 Grad im Januar normal sind. »Mein Gott, was habe ich gefroren!«

Der Empfang sei sehr herzlich gewesen, erinnert sich Chantale Bierou. »Die Familie hat mich am Flughafen abgeholt und zu Hause wirklich alles für mich vorbereitet.« Sie bezieht ein kleines Apartment in dem großen Einfamilienhaus. Sogar der Kühlschrank ist bereits mit allem gefüllt, was das Herz begehrt.

Der siebenjährige Sohn der Familie, für den sie als Au-pair nach Deutschland gekommen ist, schließt sie sofort in sein Herz. Chantale Bierou ist sehr glücklich an ihrem neuen Wohnort, der nun für die nächste Zeit ihr Zuhause sein wird.

Es sei ein wahrer Kulturschock gewesen, erzählt sie weiter, aber im positiven Sinn. Die Freundlichkeit, die herzliche Aufnahme der Familie, das Kind, das sie wirklich gernzuhaben scheint und das auch sie sehr mag, all dies macht die Entfernung von zu Hause, von ihrer Familie in Kouibly erträglicher für sie. Wo andere Au-pairs neben der Betreuung der Kinder oftmals auch den gesamten Haushalt übernehmen müssen, besteht Chantale Bierous Aufgabe einzig darin, sich um das Kind zu kümmern. Gelegentlich darf sie sogar mit auf Reisen. »Der Junge bestand darauf, dass ich mitkomme«, sagt sie, »er hätte sich sonst verweigert.« Es geht Chantale Bierou sehr gut in ihrem neuen Umfeld. »Es gab nicht einen Grund, mich über irgendetwas zu beschweren, es war einfach toll dort.«

Sie besucht Deutschkurse und findet Gefallen am Leben in Deutschland. Die Unruhen in ihrer Heimat haben zwar nachgelassen, eine Perspektive sieht sie dort jedoch für sich nicht. In solchen Momenten, sagt sie und das Strahlen schwindet dabei etwas aus ihrem Gesicht, hätte sie sich gern mit ihrem Vater besprochen. Er habe zwar immer viel gearbeitet, sei viel unterwegs gewesen, deshalb habe sich die Mutter vorrangig um die Familie gekümmert. Dennoch sei es stets er gewesen, so sagt sie traurig, der ihre Fähigkeiten und ihre Träume unterstützt habe. Sie beschreibt ihn als offenen und modernen Mann, dem es immer wichtig gewesen sei, dass es die Mädchen in der Familie zu etwas brachten. »Der erste Mann in deinem Leben ist deine Arbeit«, soll er zu seiner Tochter gesagt haben, eine Mahnung, finanziell auf eigenen Beinen zu stehen. Ein Jurastudium hatte er sich für seine Tochter Chantale gewünscht. Doch dies noch mitzuerleben, war ihm nicht vergönnt. Chantale Bierou ist 17 Jahre alt, als ihr

Vater stirbt. Sie vermisst ihn noch immer sehr und kommt im Laufe unseres Gespräches auch immer wieder auf ihn zurück.

Neue Pläne

Die junge Frau macht sich, 2001 in Birkenheide, Gedanken über ihre berufliche Zukunft. Ein Studium in Deutschland, genauer ein Studium der Germanistik an der Universität Düsseldorf, schwebt ihr vor. Über das Vordiplom verfügt sie bereits. Chantale Bierou macht sich kundig, nimmt Kontakt zur Universität auf. Ihr Visum ist jedoch lediglich für ihre Tätigkeit als Au-pair ausgestellt. Wird es ihr gelingen, dass das Visum verlängert wird und sie das Studium aufnehmen kann? Sie tauscht sich mit anderen jungen Menschen, die ähnliche Pläne haben, aus. Und sie erhält dabei einen Rat, den sie zunächst nicht versteht. »Wenn du wirklich hierbleiben willst, informiere dich gut, bei Behörden, Institutionen, den Universitäten. Und erzähle niemals deiner Gastfamilie von deinem Plan.«

Dieser Hinweis erscheint Chantale Bierou überflüssig und sie schlägt den gutgemeinten Rat in den Wind. Warum soll sie ihre Pläne nicht mit den Menschen teilen, die ihr in kürzester Zeit zu engen Vertrauten wurden, die ihr wohlwollend und mit Herzlichkeit begegnen, sie in fast allem unterstützen? Chantale Bierou erzählt in ihrem Zuhause von ihren Plänen, dass sie in Deutschland ihr Germanistikstudium weiterführen und nicht, wie geplant, im Oktober 2001 in die Elfenbeinküste zurückfliegen möchte. Sie erhofft sich vielleicht noch ein paar Tipps, mehr Erwartungen hat sie nicht. Sie ist zuversichtlich, dass sie es schaffen wird, sich ihren Aufenthalt zu gestalten und auch selbst zu finanzieren.

Doch zu ihrer großen Verwunderung reagiert ihre Gastfamilie ablehnend und zeigt sich enttäuscht über Chantales Pläne. Dieses Unverständnis ihr gegenüber, berichtet sie, noch heute irritiert, habe sie überhaupt nicht einordnen können. »In dem

Moment, in dem ich meine Pläne offenlegte, änderte sich unsere bis dahin so gute Beziehung.« Sie wird mit Fragen bombardiert, wie sie sich ihren Aufenthalt vorstelle, wovon sie ihr Studium finanzieren wolle, warum sie sich nicht an die Vereinbarung halte und wie geplant im Oktober zurück nach Afrika gehe.

Die letzten zwei Monate in der Familie seien dann nicht mehr so schön gewesen, sagt Chantale Bierou rückblickend.

Entschlossenheit

Im Oktober 2001, als ihre Zeit als Au-pair beendet ist, verlässt Chantale Bierou die Familie und zieht nach Düsseldorf. Dort gründet sie zusammen mit einer Freundin eine Wohngemeinschaft. Sie hält sich mit verschiedenen Jobs finanziell über Wasser und nimmt ein Germanistikstudium auf. Ich frage, warum sie sich ihr Vordiplom nicht hat anerkennen lassen. Chantale sagt, sie habe sich nicht richtig informiert und deshalb einen Antrag auf Anerkennung nicht eingereicht.

Mit ihrer Mutter und den Geschwistern steht sie in regem Austausch. Alle wollen wissen, was sie nun weiter vorhat, schließlich soll es der Tochter, der Schwester gut ergehen. Chantale Bierou ist es wichtig, zu erfahren, wie sich die Lage in ihrer Heimat entwickelt, denn sie hat vor, nach ihrem Studienabschluss nach Hause zurückzukehren. Ihr Studium nimmt sie sehr ernst. Sie fragt sich jedoch auch immer wieder, welche beruflichen Aussichten sich ihr in ihrer Heimat bieten. Sie könnte Lehrerin werden und Deutsch unterrichten. Aber ist das wirklich ihr Berufsziel? Sie beschließt, das Studienfach zu wechseln. Betriebswirtschaft soll es nun sein, an einer Universität in Worms. Mit Enthusiasmus wechselt sie die Stadt und beginnt Betriebswirtschaft zu studieren. Sie lernt neue Menschen kennen, gewinnt einen neuen Freundeskreis, vor allem aus Studierenden der gleichen Universität. So trifft sie auch ihren Freund, den späteren Vater ihrer beiden Kinder.

Im Oktober 2004 kommt ihr erstes gemeinsames Kind zur Welt. »Ich mochte mein Studium sehr, doch gleichzeitig Mutter zu sein und das Studium weiterzuführen, das war eine große Herausforderung«, beschreibt sie ihre damalige Situation. Für sie als ausländische Studierende und Eltern sei es sehr schwer gewesen, keine Unterstützung zu haben. In unserem Gespräch kommen wir auf die Reaktion der Gasteltern in Birkenheide zurück. War es vielleicht das, was sie für Chantale befürchteten, allein, ohne Familie, in Deutschland auf sich selbst gestellt zu sein?

Chantale Bierou bricht ihr Studium ab. Sie sucht sich Gelegenheitsjobs, immer wieder andere, um zu überleben, wie sie sagt, etwas anderes bleibt ihr nicht übrig. Ein Leben, wie sie es sich nicht vorgestellt hat, eine Situation, die sich die nächsten sechs Jahre auch nicht wesentlich ändern wird.

Im Januar 2010 beschließt sie, mit ihrem Kind nach Mönchengladbach zu ziehen. Die Beziehung zu ihrem Partner ist am Endpunkt und die junge Frau sieht sich darüber hinaus einer weiteren Herausforderung gegenüber. Sie ist erneut schwanger. Als alleinerziehende Mutter eines sechsjährigen Kindes ist sie in einer neuen Umgebung. Der Vorteil sei gewesen, erzählt sie, dass sie aus der Zeit in Düsseldorf auch in Mönchengladbach noch viele Menschen kannte.

Im Oktober 2010 kommt ihr zweites Kind zur Welt. Chantale Bierou meistert ihr Leben, hat verschiedene Jobs und lässt sich niemals unterkriegen. Leicht war es keineswegs, sagt sie rückblickend. Es sei vor allem immer ums finanzielle Überleben gegangen. Ihre Ausbildung, ihr Studium, das sei alles in den Hintergrund gerückt.

2012 zieht sie mit ihren Kindern zu einem Freund in der Nähe von Heidelberg. Tagsüber kümmert sie sich um ihre Kinder, nachts arbeitet sie in einer Fabrik und sortiert Automobilteile am Fließband. Ihre Kinder seien zwar nicht allein gewesen, dennoch, nachts nicht bei den Kindern sein zu können, sondern für das

Überleben sorgen zu müssen, sei ihr schon schwergefallen. Eine andere Möglichkeit habe es damals aber nicht gegeben. Und so arbeitet sie im Akkord, Nacht für Nacht, Jahr für Jahr. Tagsüber Kinder, Schule, Kindergarten, nachts Fließband, Autoteile, Müdigkeit. Bis es 2014 zu einer Situation kommt, die alles verändert.

Ein Neuanfang

Während sie am Fließband steht, wird Chantale in gebrochenem Deutsch die Arbeit erklärt. Nicht, dass ihr Gegenüber kein Deutsch kann, nein, ihr Gegenüber geht davon aus, dass sie kein Deutsch kann. Und das, obwohl sie bereits seit zwei Jahren an genau diesem Arbeitsplatz steht und sich genauso lang mit diesem Gegenüber fließend auf Deutsch unterhält. »Soll das jetzt wirklich alles gewesen sein, auch für die nächsten 30 Jahre?«, fragt sich die inzwischen 37-Jährige. Chantale Bierou erinnert sich sehr genau an die Situation und die Worte: »Du Teile da rein machen.« Und dass sie sich anschließend gefragt habe, was ihre Ausbildung und die beiden begonnenen Studiengänge eigentlich noch wert seien.

»Ich hatte ganz vergessen, dass ich 2008 sogar eine Ausbildung zur französischen Fremdsprachenkorrespondentin absolviert habe«, sagt sie. »Ich fragte mich, warum ich aus alldem nichts machte.« Was habe das alles gebracht, wenn das Ergebnis, »Du Teile da rein machen«, alles war, was man ihr zutraute, was sie sich demnach selbst zutraute. Sie habe sich dort plötzlich fehl am Platz gefühlt, trotz ihrer Leistung und ihrer ausgezeichneten Deutschkenntnisse wurde sie einfach nicht wahrgenommen. Die Möglichkeit, dort zu arbeiten, habe sie sehr wohl geschätzt. Sie habe schließlich gut verdient. Dennoch wurde ihr in diesem Moment klar, dass eigentlich wesentlich mehr in ihr steckte. Potenzial, das sie nicht verkümmern lassen wollte.

Inzwischen hatte Chantale Bierou auch die deutsche Staatsbürgerschaft beantragt und erhalten. Deutschland ist ihre zweite

Heimat geworden, und es ist die erste Heimat ihrer Kinder. Auch erinnert sie sich an die Worte ihres Vaters. Er wäre sicherlich nicht glücklich darüber gewesen, dass sie sich so aufgegeben hatte.

Chantale Bierou trifft erneut eine Entscheidung. Ihr Arbeitsvertrag läuft aus, für sie die Chance zu einer Neuorientierung. 2014 zieht sie mit ihren Kindern nach Heidelberg, in die Stadt. Gern würde sie wieder studieren, um einen Abschluss zu haben. Als alleinerziehender Mutter erscheint ihr das aber unmöglich. Auch weiß sie nicht, wie sie das finanziell stemmen soll. Eine duale Ausbildung erscheint ihr hingegen machbar, auch finanziell. So bewirbt sie sich mit 37 Jahren für eine Ausbildung im kaufmännisch-gewerblichen Bereich. Ob sie sich nicht komisch gefühlt habe, als zweifache Mutter in dem Alter eine Ausbildung zu beginnen und zusammen mit Jugendlichen, die ihre Kinder hätten sein können, die Berufsschule zu besuchen? Chantale Bierou winkt ab. Schließlich hatte sie ein Ziel vor Augen, erklärt sie mir, und dafür hätte sie eben einen holprigen Weg in Kauf nehmen müssen. Chantale Bierou erhält die Möglichkeit, sich bei etlichen Firmen zu bewerben. Doch sei die Konkurrenz durch jüngere Mitbewerberinnen und Mitbewerber sehr groß und ihre Chancen zu klein gewesen. Eine Ausbildungsstelle erhält sie aus diesem Grund zunächst nicht.

In dieser Zeit der Umorientierung habe sie erneut gemerkt, wie sehr ihr der Vater gefehlt habe. Wäre er noch am Leben gewesen, ist sie überzeugt, wäre ihr Leben anders verlaufen. Ihr habe eigentlich seit dem Abitur die Orientierung gefehlt. Die Entschlossenheit, die der Vater immer gepredigt habe, hätte sich erst mit der Zeit eingestellt, und zwar im Alter von 37 Jahren.

Jetzt erst recht!

In einem Gespräch mit ihrem Bruder, der inzwischen als Arzt in der Elfenbeinküste tätig ist, kommt ihr die Idee, auch in den medizinischen Bereich zu gehen. Es kristallisiert sich heraus, dass sie sich sehr gut vorstellen kann, als Kinderkrankenschwester zu arbeiten. Zumal sie nun in einer Stadt mit einer großen Universitätsklinik lebt. Der Entschluss ist gefasst. Chantale Bierou bewirbt sich an der Akademie für Gesundheitsberufe Heidelberg. Wieder ist die Konkurrenz sehr groß. Das wundert sie nicht, denn schließlich wartet niemand auf eine Bewerberin, die Ende 30 ist, zweifache Mutter und alleinerziehend. Chantale Bierou lacht: »Ich wusste, dass diese Akademie sehr begehrt ist. Auf 20 Plätze bewerben sich meist bis zu 400 Personen. Aber ich wollte dort unbedingt hin und habe meine Bewerbung eingereicht.«

Eigentlich sei die Frist schon fast abgelaufen gewesen. Aber sie wollte es nicht unversucht lassen, und tatsächlich erhielt sie eine Einladung zum Bewerbungsgespräch. Chantale Bierou erzählt, wie sie an dem Tag des Bewerbungsgespräches dort ankam. Viele junge Menschen, die meisten hatten gerade ihren Schulabschluss gemacht, versuchten auf dem Flur, sich in Unterhaltungen gegenseitig zu übertrumpfen mit dem Aufzählen ihrer bereits abgeleisteten Praktika, dem Freiwilligen Sozialen Jahr und den Erfahrungen als Babysitter. Jeder und jede habe sich als geeigneter und kompetenter dargestellt. Es sei ein lustiges Schauspiel gewesen, bei dem sie jedoch aufgrund ihres Werdeganges ihre Chancen habe dahinschwinden sehen.

In dem Bewerbungsgespräch, so erzählt sie, stellte auch eine Lehrerin fest, dass Chantale Bierou über keinerlei Praktika verfüge und auch keinerlei medizinische Vorerfahrung habe. »Tja, was sollte ich da sagen, die Frau hatte Recht, und eigentlich hätte ich aufstehen und gehen können.«

Chantale Bierou steht jedoch nicht auf. Sie erklärt dieser Lehrerin, dass sie Kinder liebt, selbst zwei hat und bereits als Au-pair Erfahrungen gesammelt hat. Das seien doch wichtige Voraussetzungen für die Arbeit als Kinderkrankenschwester. Und die medizinischen Grundlagen könne sie erlernen. Aus diesem

Grund, fügte sie selbstbewusst hinzu, sei sie an dieser Akademie genau richtig, um nach abgeschlossener Ausbildung in dem von ihr angestrebten Beruf arbeiten zu können.

Sie sei sich keineswegs sicher gewesen, sagt Chantale Bierou heute, ob sie mit ihrem Auftritt Erfolg haben würde. Es sei ihre Meinung gewesen und die hätte sie eben offen kundgetan.

Doch sie hat überzeugt und erhält nach drei Tagen eine Zusage für die Ausbildung, die im April 2017 beginnt. Die Freude ist riesig, aber auch der Respekt vor dem, was sie erwartet.

Chantale Bierou ahnt, dass die dreijährige Ausbildung kein Spaziergang werden wird, wie sie im Nachhinein erzählt. Ihre Kinder seien aber sehr einsichtsvoll gewesen und hätten sie unterstützt. Wenn sie lernt, sind sie leise, um sie nicht zu stören. Chantale erklärt ihnen, was der erfolgreiche Abschluss der Ausbildung für sie alle bedeutet. Ihre Kinder wissen also, was auf dem Spiel steht und dass es auch ihnen zugutekommt, wenn ihre Mutter die Ausbildung zu Ende bringt. »Wir drei mussten wirklich sehr diszipliniert sein, aber es hat sich gelohnt.«

Natürlich sei sie die Älteste unter den Auszubildenden ihrer Jahrgangsgruppe gewesen. Die anderen waren zwischen 19 und 22 Jahre alt. Und dass sie die einzige Schwarze war, sei wohl überflüssig zu erwähnen.

Erfolgreich schließt sie im Jahr 2020 ihre Ausbildung ab und arbeitet seitdem auf einer Station, in der sie die erste Schwarze festangestellte Kinderkrankenschwester ist.

Innere Werte, Humor und klare Kante

Sichtbar zufrieden über das Erreichte lehnt sich Chantale Bierou während unseres Gespräches zurück. Wenn sie so auf die Jahre zurückblicke, sagt sie, sei ihr schon klar, dass das Leben, der Alltag, nicht immer leicht gewesen ist, aber in der Summe dennoch schön. Als Schwarze in Deutschland habe sie auch Situationen erlebt, die eindeutig diskriminierend waren. Einmal habe sie zusammen mit einem Schwarzen Freund ein Restaurant betreten. Ein Gast schaute sie an und schnauzte: »Scheißafrikaner, geht zurück nach Afrika. Ich hasse die.«

Auch in ihrem Arbeitsalltag kommt es immer wieder vor, dass sie sich beweisen muss. So habe sie der Vater eines kleinen Patienten konsequent ignoriert, obwohl sie als diensthabende Krankenschwester am Bett seines Kindes stand, sich mit ihm unterhielt und auch dem Vater die medizinischen Hintergründe erläutern wollte. Er habe sie jedoch stehen lassen, sei zum Informationsschalter gegangen, um nach dem zuständigen Pflegepersonal zu fragen. Erst nachdem ihm dort klargemacht worden war, dass die diensthabende Kinderkrankenpflegerin bereits am Bett seines Kindes stand, blieb ihm nichts anderes übrig, als Chantale Bierou endlich zu beachten.

Das seien Situationen, sagt sie, die natürlich alles andere als angenehm sind. Doch habe sie nicht die Einstellung, dass sie Ablehnung oder Ausgrenzung nur aufgrund ihrer Hautfarbe erfahre. Dafür, dass Menschen in ihrem Job nicht selbstverständlich eine Schwarze Gesundheits- und Kinderkrankenpflegerin erwarten, habe sie sogar Verständnis. Dass sie trotz der Arbeitskleidung auch schon mal mit dem Reinigungspersonal verwechselt wird, amüsiert sie fast.

Im Falle des ignoranten Vaters sei es so gewesen, dass er sich nie für sein Verhalten entschuldigt habe. Die später hinzugekommene Ehefrau habe jedoch mit übertriebener Freundlichkeit das Verhalten des Ehemannes geradezu wieder »gutmachen« wollen. Zumindest hatte es diesen Anschein. Eine Entschuldigung oder eine Erklärung wäre aber angemessen gewesen. Über seinen Schatten hätte dieser Vater wohl nicht springen können oder wollen, sagt Chantale Bierou. »Ich glaube«, resümiert sie, »es gibt gesellschaftliche Gründe dafür, dass die Menschen in Deutschland und in Europa nicht so viel über die Menschen in Afrika wissen. Deshalb halten sie an ihren Klischees fest, sie wissen es einfach nicht besser.«

Sie selbst sei stets bemüht, sich möglichst angepasst zu verhalten. Sie benehme sich nicht so, wie die Menschen es aufgrund ihres Schubladendenkens von ihr erwarten. Damit hofft sie, ihnen zu helfen, ihre Klischeevorstellungen zu überwinden. »Ich versuche immer, souverän, humorvoll und gelassen zu sein.« Verunsichern lasse sie sich niemals, sie sei stolz auf sich. »Weißt du«, sagt sie kichernd, »die kleinen Kinder finden meine Hautfarbe total faszinierend und lieben mich. Das ist doch ein absolutes Privileg, oder?«

Ich frage nach, wie das Verhältnis zu den Kolleginnen und Kollegen ist. Chantale Bierou amüsiert diese Frage. Dass die sogenannten alten Hasen es die jungen Kolleginnen und Kollegen manchmal spüren lassen, dass sie »erfahrener« sind, sei normal. Sie könne die Unterschiede im Verhalten anderer gut erkennen und denke nicht immer gleich negativ. Und wenn sie den Eindruck habe, es sei notwendig, dann könne sie auch Grenzen setzen.

Manchmal habe sie jedoch das Gefühl, dass Weiße nicht darüber nachdenken, wenn sie Schwarzen gegenüber harte Worte verwenden. Vielleicht sei das so, überlegen wir gemeinsam, weil diese Menschen glauben, Schwarze können oder würden sich nicht wehren. Vielleicht sind es auch Menschen, sage ich, die sich großmachen wollen, indem sie andere kleinmachen und sich dabei besonders mutig fühlen.

Chantale Bierou schaut gelassen auf diese Menschen, wie zum Beispiel eine Nachbarin, die bei ihr klingelte, um sie und ihre Kinder wüst zu beschimpfen. Und zwar für etwas, das die Kinder angeblich gemacht haben sollten, das sie aber gar nicht gemacht haben konnten, wie sich schnell herausstellte.

Oder die Mitschülerin während der Ausbildungszeit zur Gesundheits- und Kinderkrankenpflegerin, die sich Chantale Bierou haushoch überlegen fühlte. Ständig sei sie von ihr gefragt worden, ob sie dieses oder jenes auch verstanden habe oder eine

Extraerklärung brauche. Dann steht die erste Klausur an und ihre Sitznachbarin tut alles, um ihre Arbeitspapiere vor den vermeintlichen Blicken von Chantale Bierou zu schützen. Sie geht davon aus, dass Chantale Bierou aufgrund des ihr unterstellten mangelnden Wissens versuchen wird, bei ihr abzuschreiben.

Es sei ihr ein Fest gewesen, erzählt Chantale Bierou, als die Klausur einige Zeit später zurückgegeben wurde. Die Mitschülerin muss feststellen, dass sie mit ihrer befriedigenden Note eine ordentliche Leistung, Chantale Bierou aber mit einer 1,0 die Bestleistung erzielt hat. Solche Situationen, sagt Chantale Bierou, liebe sie. »Als ob ich eine alte, dumme Schwarze Mutti sei«, fügt sie amüsiert hinzu.

Chantale Bierou sagt, sie habe Mitleid mit solchen Menschen, doch sie weiß auch, dass eine zu große Gelassenheit oftmals als Schwäche ausgelegt wird. Aus diesem Grund verschafft sie sich, wenn es sein muss, den nötigen Respekt. An ihre Kinder habe sie weitergegeben, dass es gut sei, bei aller Gelassenheit und Positivität auch klar zu sein und gezielt auf Situationen zu reagieren, die als diskriminierend, ausgrenzend und respektlos empfunden werden. Denn, das ist ihre Überzeugung, wenn man für sich selbst nicht klarsieht, führt das dazu, dass man als Opfer wahrgenommen wird.

Zum Abschluss unseres Gespräches bitte ich Chantale Bierou um ihre persönliche Zukunftsvision. Wieder lehnt sie sich zufrieden zurück. Im Moment empfinde sie große Erfüllung bei dem, was sie tut, sagt sie, sie liebe ihre Arbeit. Aber sie könne sich gut vorstellen, sich innerhalb der Onkologie oder Kardiologie zu spezialisieren. Ihre Kinder seien nun groß, gingen bald eigene Wege. Ohne ein Ziel, sagt sie abschließend, sei das Leben doch langweilig. »Statt nach der Arbeit einfach zu Hause herumzusitzen, kann ich doch auch noch etwas lernen und mich weiterentwickeln.« Davon ist sie überzeugt.

Gerald Ssebudde, Kantor,
Gymnasial- und Hochschullehrer,
Frankfurt am Main, Hessen, mit
Wurzeln in Deutschland und
Uganda, Ostafrika

Mit meiner Musik verbinde ich Kulturen!

Gerald Ssebudde, Kantor, Gymnasial- und Hochschullehrer

Immer noch Fragen

Ende 2020 lerne ich Gerald Ssebudde im Rahmen einer Lesung in einer Frankfurter Kirche kennen. Wir kommen schnell ins Gespräch. Gerald Ssebudde ist Kantor. Kirchenmusik ist eine seiner Leidenschaften, erzählt er mir. Er ist außerdem Gymnasial- und Hochschullehrer. Ich frage erstaunt nach, drei Berufe? Und erfahre, dass für ihn die Musik über allem steht und sie ihm auch immer wieder hilft, durch schwierige Situationen zu kommen. Einmal beispielsweise, als es um eine Festanstellung als Lehrer ging. Da habe er in einer bestimmten Situation das Gefühl gehabt, seine pädagogische Eignung würde aufgrund seiner Hautfarbe massiv in Frage gestellt. Auch wird mit ihm als Kirchenmusiker nicht immer gerechnet.

Wir haben nicht viel Zeit bei dieser ersten Begegnung. Dennoch geht mir unsere Unterhaltung lange nach. Wie kann es sein, dass auch heute noch einer Schwarzen Lehrkraft die pädagogische Kompetenz und Professionalität abgesprochen wird? Warum kann der Kantor einer deutschen Kirchengemeinde nicht selbstverständlich Schwarz sein? Sollten wir über diese Punkte gesellschaftlich nicht allmählich hinweg sein? So schnell, wie mir diese Frage durch den Kopf schießt, so schnell gebe ich mir auch selbst die Antwort. In meinem Gespräch mit Gerald Ssebudde möchte ich diesen Gedanken nachgehen.

Auf der anderen Seite

Gerald Ssebudde wird 1981 in Weimar als erstes von drei Kindern geboren. Seine Eltern hatten sich dort an der Hochschule für Bauwesen kennengelernt. Aus Uganda war sein Vater als junger Mann für ein Ingenieurstudium in die DDR gekommen. Gerald Ssebuddes Mutter, eine gebürtige Dresdnerin, studierte Verfahrenstechnik.

Als Gerald Ssebudde drei Jahre alt ist, entscheiden sich die Eltern, über Dänemark mit Ziel Bundesrepublik Deutschland auszureisen. Die Ankunft in der neuen Umgebung war für die Eltern sicherlich nicht leicht, vermutet Gerald Ssebudde heute. Die Familie lässt sich in Darmstadt nieder. Dem Vater gelingt es, freiberuflich für Architekturbüros zu arbeiten, während sich die Mutter als Frau in dem Ingenieurberuf, einer damals männlichen Domäne, Akzeptanz verschafft. Seine Kindheit in Darmstadt, wo er dann auch zur Schule geht, verbringt Gerald Ssebudde in einer Hochhaussiedlung.

Neue Wege

1991 trennen sich die Eltern. Gerald Ssebudde ist zehn Jahre alt, seine beiden Schwestern sind wesentlich jünger. Trotz ihrer Trennung kümmern sich beide Elternteile weiterhin liebevoll um ihre drei Kinder.

In seiner Grundschule ist Gerald Ssebudde das einzige afrodeutsche Kind. Eine schlechte Erfahrung ist für ihn damit nicht verbunden. Jedoch hat er immer das Bedürfnis, sehr gute Leistungen zu erbringen. Für ihn ist klar, dass er nach der Grundschule auf das Gymnasium wechseln wird, mit dem Ziel, ein ausgezeichnetes Abitur abzulegen.

Gerald Ssebudde will sein sichtbares Anderssein, seine Hautfarbe, sein vermeintliches Nicht-Dazugehören kompensieren. Im Gymnasium ist er dann nicht mehr der Einzige, es gibt eine Schwarze Mitschülerin.

Sein Leistungswille ist enorm. Gerald Ssebudde will allen zeigen, dass er dazugehört, Teil dieser Gesellschaft ist. Er achtet auf seine Aussprache ebenso penibel wie auf seine Wortwahl. Auch sein Verhalten ist tadellos. Sein Alltag wird strukturiert von Disziplin, Fleiß und Selbstbeherrschung. »Ich wollte nicht den geringsten Anlass bieten«, sagt Gerald Ssebudde, »dass der ›N-Wort‹ angeblich kein Deutsch kann.« Der Druck, den er diesbezüglich verspürt habe, sei wahnsinnig groß gewesen, und er sei es im Grunde bis heute noch.

Ein Leben mit Musik

Schon früh entdeckt Gerald Ssebudde seine Liebe zur Musik. Er singt im Schulchor und nimmt am Nachmittag Klavierunterricht. Die Familie ist der Kirche eng verbunden. Gerald hat den Wunsch, neben der Schule eine Ausbildung zum Organisten zu machen, und er darf diese auch beginnen. Die Eltern unterstützen ihn nach Kräften. Seine Begabung bleibt nicht lange verborgen. Gerald spielt in Gottesdiensten, begleitet den Kirchenchor, wirkt in Konzerten mit. Der 16-Jährige liebt nicht nur, was er tut, er kann es vor allem auch.

Es scheint, als stehe Gerald Ssebuddes Hautfarbe nun nicht mehr im Vordergrund, als habe er, gerade im kirchlichen Bereich, seinen Platz gefunden. Doch dem ist nicht so. Obwohl seine Kindheit und Jugend überwiegend ruhig verlaufen, erlebt er mit zunehmendem Alter irritierende Situationen. »Ich sollte in einer Kirche ein Orgelkonzert geben. Alles war vorbereitet, man wartete darauf, dass der Organist jeden Moment eintraf. Ich betrat die Kirche und ging gleich zur Empore. Auf einmal stellte sich mir eine Küsterin in den Weg und sagte: ›Sie können da jetzt nicht hoch, es findet gleich ein Konzert statt.‹ Sie wollte mich regelrecht aus der Kirche weisen.« Sprachlos sei er damals gewesen, sagt Gerald Ssebudde, sprachlos und verletzt.

Das Umfeld, in dem Gerald Ssebudde aufwächst, bezeichnet er dennoch als liberal und angenehm. Er habe immer viel Unterstützung erfahren, auch in unbehaglichen Situationen. Es gab nur wenige Ausnahmen, wie eben diese Küsterin mit dem wohl sehr begrenzten Horizont.

Eine Deutschlehrerin am Gymnasium ermutigt den Schüler ebenfalls, nachdem er auf der Straße von einer Passantin verbal attackiert wurde. In bewusst gebrochenem Deutsch hatte diese Frau den damals 17-Jährigen aufgefordert, auf dem Fußweg Platz zu machen, am besten gleich die Straßenseite zu wechseln.

Seine Lehrerin rät ihm, stets unmissverständlich klarzumachen, dass er perfekt Deutsch spricht und es deshalb für niemanden einen Grund gibt, ihn in gebrochenem Deutsch anzureden. Gerald Ssebudde weiß die Unterstützung seiner Lehrerin zu schätzen. Doch noch heute fragt er sich, warum Menschen mit vermeintlich anderen Wurzeln beweisen müssen, dass sie intelligent und der deutschen Sprache mächtig sind. Würde man damit nicht erst recht das Stereotyp bedienen, dass, wer nicht weiß ist, auch nicht aus Deutschland sein kann und somit auch kein Deutsch spricht?

Nach dem Abitur steht Gerald Ssebudde vor der Berufswahl. Musik ist zwar seine Leidenschaft, aber reicht das für einen soliden Beruf? Er glaubt, noch etwas Zeit zu haben, da zunächst der Wehr- oder Zivildienst abgeleistet werden muss. Zu seiner Verwunderung wird er jedoch aufgrund einer Knieverletzung, die er sich in der Schulzeit zugezogen hat, ausgemustert. Die Entscheidung für ein Berufsziel steht nun doch schneller an als gedacht. Zunächst schreibt er sich, etwas aus der Not heraus, wie er sagt, im Wintersemester 2000/01 für ein Lehramtsstudium der Fächer Deutsch und Musik ein. Nach zwei Semestern zieht es Gerald Ssebudde jedoch zurück zu seiner eigentlichen Leidenschaft, der Kirchenmusik. Der Studienwechsel fällt ihm nicht schwer, da er durch seine Ausbildung zum Organisten und zur Chorleitung bereits gut vorbereitet ist.

Der Studienbeginn auf Lehramt habe auch etwas Gutes gehabt, sagt Gerald Ssebudde heute. Er habe gemerkt, dass ihm das Unterrichten gefällt und es ihm auch liegt. Das sei auch der Grund gewesen, weshalb er sich in Kombination seines Kirchenmusikstudiums dann doch für ein Lehramtsstudium für das Gymnasium entschieden habe. Die beiden Studiengänge zieht er durch und schließt sie Ende 2007 erfolgreich ab.

Ich bewundere Gerald Ssebuddes Tatendrang, von dem seine Erzählungen handeln. Woher er diese Energie und Stärke hat, möchte ich wissen. Ob er schon immer wusste, dass er erreichen würde, was er sich vorgenommen hatte?

Musikalische Vorbilder

Gerald Ssebudde berichtet mir, dass seine Eltern ihm den Rat gaben, sich stets durch überragende Leistungen zu zeigen. Das, so sagt er, habe aber dazu geführt, dass er sich vor allem über Leistung definiert und nicht über seinen Selbstwert. Die Eltern haben es gut gemeint, das weiß er. Dennoch gibt es noch heute eine innere Stimme, die fragt: Habe ich auch genug geübt? Ist das, was ich mache, gut genug?

Das Streben nach Perfektion, die innere kritische Stimme geben ihm dann auch gleich die Antwort: Es ist nicht gut genug, du musst noch besser werden. »Natürlich haben viele Menschen einen inneren Kritiker, aus den unterschiedlichsten Gründen. Bei mir war es definitiv meine Hautfarbe.« Gerald Ssebudde sagt, es ist der starke Wunsch, unbedingt dazuzugehören, das strengt aber an und hat mit Empowerment wenig zu tun.

Und dann kommt er wieder auf seine Musik zurück. Ja, sagt er, Musik sei Empowerment für ihn, würde ihm einen tiefen

Einblick ins Leben geben und für den Alltag die nötige Kraft und Energie. Mit seiner Arbeit verbindet Gerald Ssebudde auch Menschen, die ihn ermutigt und gefördert haben. Die Musiklehrerin in seiner Gymnasialzeit beispielsweise, die ihn aufgrund seiner Fähigkeiten damals schon darum bat, den Schulchor am Klavier zu begleiten oder ihn gar zu leiten, wenn sie mal nicht konnte. Oder der Chorleiter des Kinderchores, in dem er mitgesungen hat. Beide haben sein Talent früh erkannt und an ihn geglaubt. Der Chorleiter will den Schüler weiter fördern und bietet an, ihm unentgeltlich Klavierunterricht zu erteilen.

Gerald Ssebudde sagt, deshalb seien diese beiden Lehrkräfte Vorbilder für ihn. Er nennt sie seine musikalischen Eltern. Sie haben ihm beigebracht, das menschlich Wesentliche zu erkennen, zu erspüren. Sie haben ihn inspiriert mit ihrer musikalischen Leidenschaft, ihrer Professionalität. Gerald Ssebudde scheint mit seinen musikalischen Vorbildern großes Glück gehabt zu haben. So erwähnt er auch seine Klavierprofessorin an der Hochschule, deren Liebe zu Musik stets präsent war.

Gerald Ssebudde liebt das breite Spektrum der Kirchenmusik und deren hohes Niveau. Er liebt aber auch Jazz, Gospel, Pop und die Arbeit mit den Chören.

Zugelassen werden

Nach Abschluss seines Studiums beginnt er, an der Hochschule angehende Musiklehrkräfte zu unterrichten. Parallel arbeitet er als Kirchenmusiker und kann beides gut miteinander verbinden. Bei dem Besuch eines Gymnasiums zusammen mit seinen Musikstudierenden wird er von der Schulleitung angesprochen. Da es an Musiklehrkräften fehlt und man seine Expertise schätzt, wird ihm eine Vertretungsstelle von zehn Wochenstunden angeboten.

Gerald Ssebudde überlegt. Er freut sich über die Wertschätzung, die seiner Kompetenz gilt und bei der seine Hautfarbe keine Rolle spielt. Eine Wertschätzung, die er sich nicht mit Extra-Beweisen hat verdienen müssen. Dennoch sagt er nicht sofort zu. Denn er hat bereits mehrere Tätigkeiten, ist Dozent an der Hochschule für Musik und Darstellende Kunst in Frankfurt, hat Lehraufträge an Instituten und ist der Kirchenmusiker einer Gemeinde. Obwohl er die zusätzliche Arbeit nicht braucht, reizt es ihn, Kinder und Jugendliche zu unterrichten, ihre musikalischen Fähigkeiten zu wecken, ihnen zu zeigen, wozu sie in der Lage sind, noch bevor es ihnen selbst bewusst wird.

2013 nimmt er die Stelle an dem Gymnasium an und gilt als Seiteneinsteiger, was ihn jedoch nicht stört. Schnell erfüllt ihn die neue Aufgabe mit großer Freude, was auch an dem internationalen und kosmopolitischen Umfeld der Schule liegt. Er fühlt sich in jeder Hinsicht gesehen und verstanden. »An allen Schulen, an denen ich bisher tätig war, spielte es keine Rolle, welche Herkunft oder Religion jemand hat. Es spielte keine Rolle, welche Hautfarbe jemand hat. Es ging immer um den Menschen.«

Gerald Ssebudde wäre nicht er, würde er nicht auch im schulischen Bereich Perfektion anstreben. Bloß ein Seiteneinsteiger im Schulbetrieb zu sein, genügt ihm nicht und so beschließt er, noch Sport zu studieren. In der Zwischenzeit werden die Verträge an der Schule immer nur befristet für ein Jahr ausgestellt. Eine automatische Verlängerung über eine längere Zeit scheint aus rechtlichen Gründen nicht so einfach möglich zu sein, von unzulässigen Kettenverträgen ist die Rede.

Es bietet sich jedoch eine Möglichkeit, die Gerald Ssebudde sehr entgegenkommt. Er kann eine Entfristung für die Anstellung als Lehrer beantragen und hat so die Chance, zukünftig einen unbefristeten Vertrag zu erhalten. Die Entfristung ist mit dem Unterrichtsbesuch eines Vertreters der Schulaufsicht verbunden, ein Prozedere, dem Gerald Ssebudde positiv entgegensieht. Er freut sich darauf, bald nicht mehr als befristeter Seiteneinsteiger zu gelten. Einen Unterrichtsbesuch in seinem

Fach Musik sieht er nicht als große Herausforderung, dennoch sagt er heute dazu: »Ich hatte schon Respekt vor dem Besuch, aber schließlich wusste ich, was ich kann, und deshalb sollte es auch problemlos klappen.«

Was Gerald Ssebudde dann jedoch erlebt, schockiert ihn. Aus seiner Erzählung höre ich heraus, wie tief der Schmerz, die Verletzung, die Demütigung noch heute sitzen. »Ich habe mich mit der Idee, wie Schülerinnen und Schüler, Studierende, Lernende im Bereich Musik zu unterrichten sind, eingehend beschäftigt. Wirklich, ich verfüge über eine hohe Kompetenz.«

Es macht ihn fassungslos, was ihm bei dem Nachgespräch dieses Unterrichtsbesuches widerfährt. Er habe sich behandelt gefühlt, als sei er dumm und unwissend. Er sei angeschnauzt worden. So, wie man sich ihm gegenüber verhalten habe, sagt Gerald Ssebudde, würde er niemals mit seinen Lernenden, egal wie alt, umgehen. Er habe keinerlei Wertschätzung verspürt. Ganz im Gegenteil. Von jemandem, der das Fach Musik nicht studiert hat, derart behandelt und abqualifiziert zu werden, sei sehr demütigend gewesen.

»Es gibt Gesprächsatmosphären, die sich nicht an der Wortwahl festmachen lassen. Es ist die Art, wie sich das Gegenüber verhält. Respektlos und entwürdigend.«

Möglicherweise habe ihm diese Schulaufsichtsperson, aus welchem Grund auch immer, bescheinigen wollen, dass er über keine fachliche Kompetenz verfügt. Möglicherweise habe sich diese Schulaufsichtsperson dann eines Besseren besonnen und erkannt, dass hervorragende fachliche Kompetenzen nicht ohne juristisches Nachspiel aberkannt werden können. Selbstverständlich hat Gerald Ssebudde diese Unterrichtsstunde bestanden und somit seine Lehrerlaubnis erhalten.

Dieses Erlebnis habe aber Spuren in ihm hinterlassen. Zwei Jahre später während eines dienstlichen Telefonates auf diese Situation angesprochen, wird die betreffende Schulaufsichtsperson

Gerald Ssebudde brüsk abweisen und keinerlei Selbstreflexion erkennen lassen.

Es ist Zeit, die Dinge anzusprechen, denkt sich Gerald Ssebudde bei diesem Telefonat, sie zu spiegeln und die Chance zu ergreifen, sie aus dem Weg zu räumen. Höflich und dennoch deutlich spricht er die Person auf die Situation von damals an. Er sagt ihr, wie er sich gefühlt habe, dass ihn diese Situation bis heute belaste, weil seine Kompetenz in Abrede gestellt wurde. Er drückt seinen Wunsch aus, die Sache zu klären, um eine professionelle und kooperative Ebene herzustellen. Doch vergeblich. Gerald Ssebudde hatte sich von einem vorgesetzten Pädagogen mehr Reflexionsvermögen erhofft. »Aber ich bin sehr froh, dass ich es versucht und das Erlebte der betreffenden Person gegenüber angesprochen habe.«

Das Gefühl, man traue ihm seine Kompetenz nicht zu, hat er leider immer wieder. Nicht im unmittelbaren beruflichen Umfeld, wo man ihn schließlich kennt. Es sind Außenstehende, Menschen, die ihn eben nicht kennen. Das rufe eine gewisse Wut in ihm hervor. »Trotzdem, ich reiße mich zusammen, bemühe mich, immer höflich zu bleiben. Ich versuche, immer eine Spur besser zu sein als mein Gegenüber.«

Ach, wie gut ich das kenne, denke ich, spreche es aber nicht aus. Als ob Gerald Ssebudde meinen Gedanken erraten hat, ergänzt er: »Ich will in einem Dialog nicht die Person sein, die als primitiv gilt.«

Blick nach vorn

»Was mein Verhalten angeht«, sagt Gerald Ssebudde, »versuche ich stets, so achtsam wie möglich zu sein.« Erkenntnisse von Martin Luther King helfen ihm dabei. Ebenso die Beschäftigung mit gewaltfreier Kommunikation nach Marshall Rosenberg. Meditation und Yoga sind für ihn wertvolle Energiequellen. Inzwischen könne er bestimmte Trigger gut erkennen und sei in der

Lage, ein Gespräch zu führen, ohne Komponenten zuzulassen, die ihn innerlich angreifen.

Seine Biografie als Afrodeutscher biete ihm wertvolle Ressourcen. Trotz negativer Situationen, die er hin und wieder erlebe, sei er dankbar für das, was ihn ausmache. Nicht nur sein berufliches Umfeld gebe ihm in emotional herausfordernden Situationen Kraft. Sein privates Leben helfe ihm ebenso. Wobei er Privates und Berufliches nicht wirklich trennen kann: »Ich lebe meinen Beruf. Die Musik ist Teil meines Lebens.« Halt, Ruhe und Gelassenheit findet er bei seinem Partner. Seine Eltern und Schwestern, zu denen ein sehr herzliches Verhältnis besteht, wissen, dass ein Leben ohne Musik für Gerald Ssebudde nicht vorstellbar ist.

Und er strahlt, wenn es um seine Leidenschaft, die Musik, geht. »Ich möchte Kinder und Jugendliche dafür begeistern, sich der Musik zu öffnen, sich ihr hinzugeben.«

Gerald Ssebudde möchte denen, die von zu Hause aus die Möglichkeit nicht haben, Unterstützung bieten. Er will zurückgeben, was er in seiner Kindheit und Jugend bekommen hat. Durch die Musik will er den Kindern und Jugendlichen ihre individuelle Stärke vermitteln, sie in ihrer kulturellen Identität festigen. Das Gleiche gelte für die Studierenden an der Hochschule.

Sein Vater habe ihm seine Muttersprache zwar nie beigebracht. Dennoch sei er in der Lage, durch die ugandische Musik Stimmungen zu verstehen. Sein Interesse und die Verbundenheit mit dem Herkunftsland seines Vaters, den Verwandten, der Kultur sei vielleicht auch deshalb so groß, wie sie es ohne seine Liebe zur Musik nicht wäre.

»Ich mag es einfach, mit der Musik viele verschiedene Kulturen und Menschen miteinander zu verbinden.«

John Ehret, Bürgermeister, Mauer, Baden-Württemberg, mit Wurzeln in Deutschland und den USA

Ich bin nur von der Hautfarbe her anders

John Ehret, Bürgermeister

Es muss nicht immer Amerika sein

John Ehret fällt auf mit seinem herzlichen Lachen und einem kurzen Winken. Von ihm ist längst nicht mehr nur im Rhein-Neckar-Kreis die Rede. Spätestens seit dem 6. Mai 2012 kennt man ihn auch über diese Landesgrenzen hinaus.

Ich bin zu einer Sitzung eingeladen, bei der alle Bürgermeisterinnen und Bürgermeister des Rhein-Neckar-Kreises anwesend sind. Meine Neugier ist auf den Mann gerichtet, den sie den Kraichgauer Obama nennen und der wohl der erste Schwarze Bürgermeister in Baden-Württemberg ist. »So richtig weiß ich das gar nicht. Die Medien haben das immer geschrieben. Streitig gemacht hat mir den Titel jedenfalls auch noch niemand«, wird mir John Ehret später erzählen. Manche würden sogar behaupten, er sei der erste und einzige Schwarze Bürgermeister in ganz Deutschland, fügt er hinzu und grinst.

An diesem Tag begegnen wir uns ein zweites Mal, in der Tiefgarage des Landratsamtes. Wir haben es beide eilig, Termine rufen. Und trotzdem, so viel Zeit muss sein. Wie es denn so ist, als Schwarzer Bürgermeister, als Schwarze Schulrätin, wollen wir voneinander wissen und können uns das Lachen nicht ganz verkneifen. Beide sind wir dort, wo wir sind, die Ersten, die Einzigen.

Wir sind nur von der Hautfarbe her anders, stelle ich fest, innerlich sind wir deutsch.

Ein Kind voller Hoffnung

John Ehret wird 1971 in Karlsruhe geboren. Seine Mutter ist eine weiße Deutsche, sein Vater ein Schwarzer US-Soldat. Seine Eltern würde er aber gar nicht kennen, erzählt er gleich zu Anfang unseres Gespräches. Er ist zwei Jahre alt, als er in ein Kinderheim gegeben wird. Seine Mutter ist an einem Gehirntumor erkrankt. Sie kann sich nicht um ihren kleinen Sohn kümmern. Der Vater hat die Familie schon früh verlassen. Über ihn weiß John Ehret so gut wie nichts. Seine Mutter, da ist er sich jedoch sicher, habe ihn ursprünglich nicht zur Adoption freigeben wollen. Die junge Frau hofft auf eine Besserung ihres Gesundheitszustandes, um ihren kleinen Sohn wieder zu sich holen zu können.

Doch dazu kommt es nicht. Schweren Herzens gibt sie ihr Kind auf Drängen des Jugendamtes Karlsruhe, das für ihn mit zuständig ist, zur Adoption frei. Die Mutter könne ihrer Sorgepflicht nicht ausreichend nachkommen, heißt es. Es scheint eine ungewisse Kindheit gewesen zu sein. An die frühen Jahre könne er sich natürlich nicht erinnern, sagt John Ehret. Und was er über seine Mutter weiß, stammt aus den Erzählungen seiner Adoptiveltern. Sie hätten die Einzelheiten im Rahmen der Adoption vom Jugendamt erfahren. Und die Namen seiner Eltern seien ihm aus seiner Geburtsurkunde bekannt, das sei aber schon alles.

Ich frage, ob er nie den Wunsch verspürt habe, mehr über seine Eltern herauszufinden. Vielleicht auch, ob sie noch lebten. John Ehret winkt ab. Nein, im Gegenteil. Im Alter von 18 Jahren, bis dahin habe das Jugendamt alle Informationen gemäß den gesetzlichen Vorschriften unter Verschluss gehalten, hätte er das Recht gehabt, die Daten einzusehen. Aber das wollte er nicht.

Er sei schon immer mit sich im Reinen gewesen. Ohnehin sei er davon ausgegangen, dass seine Mutter bereits verstorben war, und wähnte sie auf einem Friedhof in Karlsruhe. Sein Vater habe sich nie gekümmert. Den Wunsch, ihn zu suchen, hätte er nie gehabt. »Meine Geschichte war für mich schon in jungen Jahren stimmig, mir fehlte nie etwas.« Verwandte scheint es auch nicht zu geben. Nach seiner Wahl zum Bürgermeister und infolge des großen Presserummels habe sich jedenfalls niemand bei ihm gemeldet.

John Ehret scheint tatsächlich nicht im Geringsten mit seiner Geschichte zu hadern. Dennoch spreche ich noch mal das Kinderheim in der Nähe von Karlsruhe an, in dem er aufgewachsen ist. Er beschreibt diese Zeit als sehr schön. Es sei nicht so gewesen, dass er als kleines, trauriges Schwarzes Heimkind unter seiner Situation gelitten hätte. Ganz im Gegenteil.

Bis zum Alter von sechs Jahren lebt John Ehret in diesem Heim. Was mit seiner Mutter damals war, weiß er nicht. Schon früh habe er in dem Heim verstanden, dass es das Ziel eines jeden Kindes sein musste, von Erwachsenen zur Adoption »ausgesucht« zu werden, um anschließend in deren Familie zu leben.

Vermisst habe er seine Mutter auch nie. Ohne Mutter und Vater aufzuwachsen, sei kein Thema für ihn gewesen. Für die Erziehenden im Heim ist John Ehret etwas Besonderes. Die Erwachsenen finden ihn niedlich. Auch die, die zu Besuch kommen. »Wenn Erwachsene kamen, um andere Kinder zu besuchen, merkte ich immer, dass sie schnell auf mich aufmerksam wurden, weil sie mich süß fanden.«

Dass er mehr Aufmerksamkeit auf sich zog, als die anderen Kinder, habe er natürlich genossen, welches Kind würde das nicht tun? Und um weitere Aufmerksamkeit von den Erziehenden zu erhalten, habe er oftmals den Kontrolleur im Heim gespielt, um die Erwachsenen zu »unterstützen«. Ein Unding, wie er heute selbst findet. Bei anderen Kindern beobachtet er damals, wie die

Phasen aussehen, bis ein Kind dann endgültig mit einer Familie nach Hause gehen darf. Die Erwachsenen verbringen zunächst in dem Heim Zeit mit den Kindern, gehen mit ihnen spazieren, machen kleine Ausflüge. Erst dann darf das Kind auch mal ein Wochenende mit den eventuellen künftigen »Eltern« bei ihnen zu Hause verbringen. Die Phasen sind lang, und die Familien werden von dem zuständigen Jugendamt eingehend geprüft.

Das ist auch richtig, meint John Ehret rückblickend, anders ginge so etwas nicht. Er sei ein unbekümmertes Kind gewesen und habe dennoch stets darauf gehofft, dass eines Tages eine Familie kommt und sich für ihn entscheidet. Aus der heutigen Sicht eines Erwachsenen und zweifachen Vaters weiß er, was er seinen späteren Adoptiveltern hoch anzurechnen hat. Bis es zu seiner Adoption kam, seien sicherlich auch vorher schon Familien da gewesen, die sich mit ihm beschäftigt hätten. Allerdings kann sich John Ehret gut vorstellen, dass es viele möglicherweise abgeschreckt hat, ein bereits sechsjähriges und zudem Schwarzes Kind zu adoptieren. Zudem sei das Thema Adoption Mitte der 1970er-Jahre auch schwierig gewesen. Zuzugeben, selbst keine Kinder bekommen zu können, war für kein Paar leicht. Auf einmal ein Schwarzes und bereits älteres Kind in der Familie zu haben, würde den vermeintlichen Makel ja erst recht sichtbar machen. Vielleicht hat genau das einige Paare abgeschreckt, sich für ihn zu entscheiden. Nicht jedoch das Ehepaar Ehret aus dem baden-württembergischen Mauer. Dieses Paar entschied sich ganz bewusst für ihn.

Sehr warmherzig erzählt John Ehret von seiner Adoptivfamilie, für ihn Mutter, Vater und Bruder. Eine andere Bezeichnung, eben Adoptiveltern und Adoptivbruder, kommt für ihn nicht in Frage, die empfindet er als unpassend.

Das Ehepaar Ehret hat keine eigenen Kinder. Es ist ihnen wichtig, Kindern, die keine eigene Familie haben, ein Zuhause und eine Familie zu schenken. Der Vater, Helmut Ehret, ist

SPD-Gemeinderat und im beschaulichen, ländlichen Mauer stark engagiert. Er ist es, der seine Frau Gertrud davon überzeugt, einer Adoption des Schwarzen sechsjährigen Jungen zuzustimmen. Auf dem Land sei das zu jener Zeit zwar etwas Ungewöhnliches gewesen, dennoch entschließt sich das Ehepaar zu diesem Schritt. Wo Platz für ein Kind ist, sei auch Platz für ein zweites, sollen sie gesagt haben und sind damit ihrer liberalen und sozialen Lebenseinstellung gefolgt. Bereits vor den Adoptionen der beiden Jungs haben sie sich liebevoll um Pflegekinder gekümmert, die jedoch wieder zu ihren Ursprungsfamilien zurückgingen.

Eine neue Familie

1977 wird nach dem üblichen langwierigen Adoptionsprozedere John Ehret in die Familie aufgenommen. »Ich erinnere mich noch an meinen ersten Besuch bei meinen Eltern. Da war ja schon mein Bruder, der vier Jahre älter ist als ich. Die Vorstellung, einen großen Bruder zu haben, fand ich wahnsinnig toll. Und dass ich der einzige Schwarze in der Familie war, interessierte niemanden.«

An eines aus seiner Kindheit erinnert er sich jedoch noch lebhaft. Wenn seine Mutter mit ihm samstags einkaufen geht, in einem der großen Supermärkte im Umland, wo man sich nicht unbedingt kennt, wird die Mutter gemustert. Die Blicke sind neugierig, abwertend, geringschätzend, herablassend. Man sieht förmlich die Fragezeichen auf der Stirn der Leute. Wie kommt die weiße Frau zu dem Schwarzen Kind, wurde sie verlassen? Werden Mutter und Sohn beim Einkaufen vom Vater begleitet, ändern sich die Blicke. Wohlwollend, fast schon bewundernd, als wolle man sagen, welche Achtung man dem Paar mit der »guten« Tat, ein Schwarzes Findel- oder Waisenkind aus Afrika gerettet zu haben, entgegenbringe. Weniger bei ihm als bei den Eltern, besonders bei der Mutter, hinterlassen solche Erfahrungen ein merkwürdiges Gefühl.

Der kleine Sohn hat ein Jahr Zeit, sich zu akklimatisieren, bevor er 1978 in der Grundschule in Mauer eingeschult wird. Klar sei er der einzige Schwarze in der Schule gewesen, jedoch nicht der einzige Schwarze in dem Ort. Dies zu betonen, ist ihm wichtig. John Ehret möchte niemanden leugnen oder übergehen. Die Grundschulzeit beschreibt er wieder als unproblematisch und wunderbar. Es sei ihm dort gut ergangen und er sei niemals beleidigt worden. Ausgrenzung oder gar Diskriminierung erlebt John Ehret nicht. Es habe durchaus Kinder mit anderen Wurzeln an der Schule gegeben. Es sei damals nichts Besonderes gewesen, anders auszusehen. Und außerdem merken Kinder untereinander von dieser Tatsache doch am wenigsten, sagt John Ehret. Und die Lehrkräfte?, frage ich. Sie hätten sich professionell verhalten. Das habe aber nichts damit zu tun gehabt, dass er der Sohn vom Gemeinderat war. Eines jedoch stört John Ehret bis heute. Man habe sich immer sofort an ihn erinnert, wenn er mal irgendwas angestellt hat. Der Wiedererkennungswert ist halt groß.

Bestimmte Klischeevorstellungen seien ihm in der Schule schon das eine oder andere Mal begegnet. Die kann John Ehret aber nicht bedienen. Weder kann er besonders gut Basketball spielen, noch gelingt es ihm, im Fußballverein seinem Spitznamen Pelé alle Ehre zu erweisen.

John Ehret genießt das Leben in seiner neuen Familie. Die Grundschule durchläuft er mühelos und erhält nach der vierten Klasse die Empfehlung, ein Gymnasium zu besuchen. Für den Jungen ist klar, dass er das gleiche Gymnasium besuchen will wie einst sein Vater und auch sein Bruder. Er möchte seine Familie stolz machen, das ist ihm wichtig. So wechselt er 1982 auf das humanistische Kurfürst-Friedrich-Gymnasium in Heidelberg, lernt Latein und Altgriechisch. Da habe er zum ersten Mal das wahre Leben kennengelernt, erzählt John Ehret. Plötzlich ist er nicht mehr in der kleinen, heilen Welt, die er kennt und gewohnt ist. Die Stadt fordert ihn, vieles ist fremd. Er macht neue Erfahrungen und stellt fest, dass nicht jeder mit Menschen anderer Hautfarben unvoreingenommen umgehen kann.

John Ehret legt seinen Schulweg mit dem Zug zurück, anfangs ist ihm nicht wohl dabei. Es ist aber nie etwas passiert. »Es muss einem schon bewusst sein«, sagt er heute, »dass man besonders in größeren Städten aufzupassen hat, wo man sich befindet. Manche Gegenden meidet man besser. Eine Risikoabschätzung ist immer gut.« John Ehret fühlt sich in Heidelberg zunehmend wohler, was auch an der Internationalität der Stadt liegt.

An der neuen Schule freut ihn besonders, dass er nicht der einzige Schwarze Schüler ist. Zwei oder drei Stufen über ihm ist ein weiterer Schüler, der ebenfalls eine weiße Mutter und einen Schwarzen Vater hat. Dass dieser Mitschüler, heute ein bekannter Schriftsteller, jedoch behauptet, er sei der einzige Schwarze Schüler an dieser Schule gewesen, kränkt John Ehret ein wenig.

Das Schicksal schlägt erneut zu

Am 24. Dezember 1982 wird die Familie von einem harten Schicksalsschlag getroffen. Nach schwerer Krankheit stirbt der Vater. »Das hat mich sehr erschüttert«, sagt John Ehret, »zumal ich noch sehr jung war.«

Fortan übernehmen die Jungs viel Verantwortung. John Ehret ist elf, sein Bruder 15 Jahre alt, die Familie hält eng zusammen. Dank des Berufes des Vaters, er war Prokurist in einer Firma, ist die Familie finanziell versorgt. Das Haus ist abbezahlt, die Witwenrente der Mutter reicht für ein ordentliches Leben. Dennoch, der Verlust ist immens, die Lücke nicht zu schließen. John Ehret durchläuft die Schule anfänglich problemlos. In der zehnten Klasse wird es schwierig. Das Klassenziel erreicht er nicht, er muss die Klasse wiederholen. »Das war ein weiterer Tiefschlag, ein Bruch für mich«, sagt er heute. Sitzenbleiben und damit seine Mutter in Sorge um seine berufliche Zukunft zu bringen, die Klasse wechseln zu müssen und seine Freunde zu verlieren, all das habe ihn unglaublich geschmerzt. Doch bei seiner Mutter findet er Trost. Er begreift, wie wichtig es ist, die Schule abzuschließen. Geld für Nachhilfestunden gibt es jedoch nicht, das weiß John Ehret. In der Schule muss er selbst zurechtkommen, mit Fleiß und Ehrgeiz sein Ziel erreichen.

Überhaupt, das Thema Geld ist so eine Sache in der Familie. Um den Führerschein machen zu können, muss er sich einen Job suchen. Um sich sein erstes Auto kaufen zu können, muss er sparen. »Nicht, dass wir das Geld nicht gehabt hätten. Es waren erzieherische Maßnahmen meiner Mutter, für die ich ihr heute noch dankbar bin.«

Im Sommer 1992 macht John sein Abitur. Ein Studium ist für ihn die logische Anknüpfung. Zwei Studiengänge, Betriebswirtschaft und Jura, gelten als das Nonplusultra. Aus diesem Grund liebäugelt auch John Ehret zunächst mit einer der beiden Richtungen, obwohl sie ihn nur mäßig begeistern. Er überlegt, sich für Jura zu entscheiden, aufgrund der später vielfältigen beruflichen Möglichkeiten.

Seit seiner Jugendzeit begeistert ihn auch die US-amerikanische Krimiserie *The Streets of San Francisco*. Es ist die Art und Weise des Hauptdarstellers Karl Malden, die kaum ein Jugendlicher nicht kennt und bewundert. Für Gerechtigkeit sorgen. Aber auch mal fünfe grade sein lassen. All das fasziniert ihn. John Ehret erkundigt sich nach den Voraussetzungen dafür, Polizist zu werden, und stößt auf eine Ausbildung im Bundeskriminalamt. Es gefällt ihm, dass das Abitur Voraussetzung ist. Wenn er schon das Abitur erlangt hat, sagt sich der junge Mann, will er auch einen Beruf ausüben, für den es notwendig ist. Und so ist seine Entscheidung gefallen.

Die Pflicht ruft

Bevor John Ehret die Ausbildung beginnen kann, ist zunächst der Wehrdienst zu absolvieren, der für ihn allerdings nicht in

Frage kommt. Als Schwarzer Abiturient sieht er sich nicht in der Bundeswehr. Der junge Mann setzt alles daran, den Zivildienst antreten zu können. Mit etwas Aufwand und nach eingehender Beratung gelingt ihm dieser Schritt. Bei der Evangelischen Stadtmission Heidelberg erhält er im Rahmen eines Resozialisierungsprogrammes in Schriesheim eine Stelle für 15 Monate. Und wieder einmal fühlt er, dass er im richtigen Leben angekommen ist. Der Weg zur Arbeit ist lang. Die Arbeitszeiten sind ungemütlich. Das Arbeitsklima ist rau. Von der vorgesetzten Person erfährt er in keiner Weise Unterstützung. Für den jungen John Ehret eine Situation, die er täglich schwerer aushält. Glücklicherweise gelingt es ihm, innerhalb der Organisation eine neue Stelle in Heidelberg zu finden.

Zu seiner großen Freude ist auch seine Bewerbung für eine Stelle im Bundeskriminalamt erfolgreich. Die dreijährige Ausbildung zum Kriminalkommissar kann er zum September 1993 in Wiesbaden antreten. Zur Ausbildung gehört, viele verschiedene Stationen zu durchlaufen. John Ehret gefällt jeder Bereich. Seine Hautfarbe spielt auch hier keine Rolle. Bis auf ein Mal, korrigiert er sich, da sei sein Schwarzsein bei einem Einsatz ein Hindernis gewesen.

Nach abgeschlossener Ausbildung möchte John Ehret als Personenschützer arbeiten. Das Außenministerium schwebt ihm vor. Interessante Reisen, spannende Erfahrungen, so etwas reizt ihn. Das erste Mal muss er erleben, dass er aufgrund seiner Hautfarbe ein klares Nein hinsichtlich seines Einsatzwunsches erhält. Nicht, weil man in dem Bereich keine Schwarzen haben möchte. Man möchte nur keine Personen einsetzen, die herausstechen und somit interessant für die Medien seien. Wie frustrierend, aufgrund der Hautfarbe eine bestimmte Aufgabe nicht ausführen zu können, nur weil man auffallen könnte.

Aber John Ehret winkt wieder einmal ab. Nein, erklärt er, er habe das Ganze positiv betrachtet und sogar Verständnis für diese Entscheidung gehabt. Er sei dafür im Bereich des Personenschutzes von Staatsgästen eingesetzt worden, was sich nicht nur als extrem interessant, sondern zuweilen auch als recht anekdotisch erwiesen habe. Nicht nur einmal wird er für ein Mitglied der ausländischen Delegation gehalten und entsprechend zuvorkommend behandelt. Die Vielfältigkeit seiner Arbeit gefällt John Ehret sehr.

Im September 2006 geht er für die deutsche Polizei im Auftrag der Bundesregierung für ein Projekt namens »German Police Project Office« für insgesamt sechs Monate nach Kabul, Afghanistan. Dort ist er auf einmal in Bundespolizeiuniform unterwegs, um afghanische Sicherheitskräfte auszubilden. Eine Zeit, aus der er viele Erfahrungen mitnimmt.

Ganz der Vater

2011 trifft John Ehret eine Entscheidung, mit der in seinem Umfeld wohl niemand gerechnet hat. Der Mann, der zu der Zeit seit ungefähr elf Jahren im Rheinland lebt und nie kommunalpolitisch in Erscheinung getreten ist, kandidiert für die Bürgermeisterwahl in seiner Heimatgemeinde Mauer. Ein Paukenschlag, der für viel Aufsehen sorgt. Und wieder zieht er Aufmerksamkeit auf sich. Die Medien fragen nach, wer dieser Kandidat ist, der sich mit recht spät eingereichter Bewerbung und ohne viel Wahlkampf anscheinend dennoch Chancen bei der Bürgermeisterwahl in der kleinen Kraichgauer Gemeinde ausrechnet.

Ich frage, was seine Motivation dafür gewesen ist, seinen spannenden Beruf zu verlassen, um in ein Rathaus einzuziehen. Und es fällt ein Wort der Erklärung, das seine ganze Haltung widerspiegelt, »Dankbarkeit«.

»In meiner Heimatgemeinde Mauer habe ich in meiner Kindheit und Jugend sehr gute Erlebnisse gehabt«, antwortet John Ehret, »ich wollte Dankbarkeit an die Bürgerschaft zurückgeben.« Außerdem kennt man den »kleinen John« von damals noch sehr gut.

Ein politisch interessierter Mensch ist John Ehret schon immer gewesen, auch wenn er vor ungefähr 30 Jahren sein SPD-Parteibuch aus allgemeiner Politikenttäuschung zurückgegeben hat. Für einen Politiker erscheint ihm Kommunalpolitik grundsätzlich als gut dafür geeignet, den Ansprüchen der Bürgerinnen und Bürger am ehesten gerecht zu werden. Es sei ihm wichtig, so ergänzt er, auf die Interessen, Bedürfnisse und Wünsche der Menschen direkt eingehen zu können. Von Anfang an sei ihm natürlich bewusst gewesen, dass er nicht in der Lage sein wird, alle Belange zu erfüllen. Dann sei es besonders wichtig, Transparenz herzustellen, Dinge zu erklären, auf die Menschen zuzugehen, die Sprache des Gegenübers zu sprechen. Darüber hinaus brauche man in einer solchen Position Verhandlungsgeschick und Organisationsvermögen. Zum Glück würde er über beides verfügen.

John Ehret überzeugt deutlich: Bei hoher Wahlbeteiligung im zweiten Wahlgang, im hart umkämpften Bewerberfeld in der sogenannten Stichwahl, erhält er 58,1 Prozent der Stimmen. Seine Freundlichkeit, seine Kompetenz, seine Sympathie, sein einnehmendes Wesen sind es, die ihm zu diesem fulminanten Wahlsieg verhelfen. Ob seine Hautfarbe dabei irgendwie eine Rolle gespielt hat, möchte ich wissen. Quatsch, meint John Ehret, er findet, man solle die Hautfarbe nicht immer so in den Vordergrund stellen. Auch acht Jahre später gewinnt er als haushoher Favorit die Wiederwahl, bei einer hohen Wahlbeteiligung von 74 Prozent, mit 60,2 Prozent im ersten Wahlgang.

Das Spiegelbild für andere

Mir fällt auf, dass er nicht wirklich über seine Hautfarbe sprechen möchte. Und dennoch ist sie ein Thema. Er selbst, sagt er, musste sich nie wirklich gegen rassistische Diskriminierung wehren. Dass er nun vielen, besonders jungen Schwarzen Menschen seit seiner ersten Wahl zum Bürgermeister als Vorbild gelte, sei ihm schon fast ein wenig peinlich. Dass es Alltagsrassismus gibt, sei unbestritten. Doch sei er, was das anginge, sehr entspannt. Er freue sich, wenn Menschen in ihm ein positives Beispiel sehen, über das sich zu berichten lohnt. Als Aktivist, der seine Mitmenschen bekehren will, sieht er sich aber auf keinen Fall. Integration habe von allen Seiten zu erfolgen, Mühe hätten sich alle zu geben. Jungen Menschen, besonders seinen Kindern, gebe er mit auf den Weg, so zu sein, wie sie es wollten, denn dann könnten sie auch die Dinge erreichen, die sie wollten.

Und dass ihn die Menschen als den Kraichgauer Obama bezeichnen, sei doch nett. Denn »Yes we can!« habe er ja nun auch im Kraichgau bewiesen.

Henrietta Harris, examinierte Altenpflegerin, Mannheim, Baden-Württemberg, mit Wurzeln in Deutschland und den USA

Samantha Harris, Projektmanagerin, Frankfurt, Hessen, mit Wurzeln in Deutschland und den USA

Zu auffällig für den Hintergrund

Henrietta Harris, examinierte Altenpflegerin und
Samantha Harris, Projektmanagerin

Im Fokus

Samantha und Henrietta Harris sind zwei Schwestern, die sich mit ihrer Identitätsfindung beschäftigen und es zulassen, dass ich sie ein Stück auf diesem Weg begleite.

Die Mädchen wachsen im bayerischen Vöhringen auf und spüren früh, wie es ist, anders auszusehen. Die Mutter ist weiß, die beiden leiblichen Väter Schwarze Amerikaner, die bei der U.S. Army tätig sind. In der Familie ist die Hautfarbe jedoch für eine ganze Weile kein Thema.

Die 1982 geborene Samantha Harris erinnert sich noch gut an ihren ersten Schultag 1989 in Kitzingen. Zwischen all den weißen Kindern steht sie als einziges Schwarzes Kind und wartet geduldig darauf, dass die Klassenbilder gemacht werden. Die Mutter wollte, dass ihre Tochter an diesem Tag besonders hübsch aussieht. Ihr Haar ist offen. Das Haar der anderen Mitschülerinnen sieht in Samanthas Augen glatter und schöner aus. Zum ersten Mal bemerkt das Mädchen, dass sie sich von den anderen unterscheidet. Peinlich sei ihr das gewesen, sagt sie, sie habe sich geschämt, so anders auszusehen. Die Situation war ihr furchtbar unangenehm.

Wie es hingegen ist, eine von vielen zu sein und nicht aufzufallen, hat sie zuvor nur kurz erlebt. Auf dem nahe gelegenen US-Gelände besuchte Samantha Harris die US-amerikanische Preschool, bevor sie in die deutsche Grundschule des Ortes eingeschult wurde. Auch ein späterer knapp anderthalbjähriger Aufenthalt in den USA trägt zunächst nicht dazu bei, dass sie sich in ihrer Haut wohler fühlt.

Familienbande

In unserem Gespräch erzählt Samantha von ihrem Vater, dann von ihrem Schwarzen Adoptivvater. Ihr drei Jahre jüngerer Bruder und ihre sechs Jahre jüngere Schwester haben denselben Vater. Sie wird von ihm adoptiert, was sie jedoch lange nicht weiß. Samantha Harris wächst in dem Glauben auf, dass sie und ihre Geschwister denselben Vater haben. Erst im Alter von 26 Jahren erfährt sie von ihrer Mutter, dass der Mann, den sie als ihren Vater angesehen hat, nicht ihr leiblicher Vater ist. Dass da etwas nicht stimmte, sagt Samantha Harris heute, habe sie immer irgendwie gespürt. Sie hätte es aber nie deuten können.

Von ihrer Mutter erfährt sie weiter, dass ihr leiblicher Vater in den USA lebt und von der Existenz seiner Tochter nichts weiß. 2010 kommt es zu einem ersten Treffen von Vater und Tochter.

»Dadurch, dass ich bereits erwachsen war und fest im Leben stand, war es nicht so schlimm, zu erfahren, dass der Vater meiner Geschwister nicht mein Vater ist«, sagt Samantha Harris. »Außerdem lebte zu dem Zeitpunkt auch der Vater meiner Geschwister schon lange nicht mehr bei uns, von daher war es okay.«

Nun eine zusätzliche Familie mit Cousins und Cousinen, Tanten und Onkeln zu haben, die zudem alle auch Schwarz sind, ist für die junge Frau zunächst ungewöhnlich, aber sehr schön. »Jetzt ist alles gut und ich fühle mich wohl in meiner Haut. Meine Kindheit und Jugend waren schön. Klar, gab es auch manchmal

Situationen, in denen es mir nicht so gut ging«, sagt Samantha Harris und meint damit die vielen Fragen, die sie sich und ihrer Mutter als Kind gestellt hat. Wenn sie wissen wollte, warum sie aussieht, wie sie aussieht, warum sie nicht auch blonde, glatte Haare und eine helle Haut hat. Und überhaupt, warum ist ihr Vater Schwarz?

Erst im Alter von 15 Jahren ändert sich ihre Wahrnehmung. Samantha entwickelt einen unbändigen Ehrgeiz, will zu den Besten gehören. »Unsere Mutter hatte nie diese Erwartung. Aber ich wollte zeigen, dass ich dazugehören kann, und deshalb habe ich gelernt und gelernt.« Aus eigenem Antrieb will sie es schaffen. Schon in der Grundschule sei ihr klar gewesen, dass sie Abitur machen will.

Im Mittelpunkt

Auch die sechs Jahre jüngere Henrietta Harris spürt noch heute das Ziehen und Zupfen an ihren Zöpfchen, als sie in den Kindergarten kommt. Nicht nur die anderen Kinder, auch die Erwachsenen hätten ein riesiges Interesse an ihren Haaren gehabt. Das kleine Mädchen irritiert das Verhalten der anderen. Erst als sie Kindergartenbilder sieht, stellt sie erstaunt fest, dass sie anders aussieht als die anderen Kinder. Henrietta ist Schwarz, die anderen Kinder sind weiß, haben glattes oder welliges Haar, nur sie hat Zöpfchen, wie sie ihre Frisur liebevoll nennt. Sie wird von den Kindern gefragt, warum sie eine braunere Haut hat. Henrietta Harris' Vater kennen die Menschen in ihrer Umgebung nicht. Henrietta Harris hat keine Erinnerung an ihren Vater, sie ist noch zu klein, als sich die Eltern trennen.

Die Zeit im Kindergarten und in der Grundschule, in der ihr zum ersten Mal auffällt, dass sie immer heraussticht, daran kann sie sich noch heute gut erinnern. »Ich musste mich selbst beschützen und zur Wehr setzen.« Mit einer Lehrerin habe sie sich jedoch gut verstanden.

»Meine Mutter hat versucht, mich zu trösten. Sie hat mir erklärt, dass die Menschen halt Interesse an mir hätten und dass das nichts Schlimmes sei. Sie wollte meine Erfahrungen gutreden, aber ich fand die ständige Aufmerksamkeit der anderen schlimm«, sagt Henrietta Harris.

Die beiden Schwestern erzählen, dass letztlich jede von ihnen allein mit diesen Situationen klarkommen musste. Als sie dann älter waren, haben sie sich ausgetauscht und sich gegenseitig Halt gegeben.

Was nun?

Im Gegensatz zu ihrer Schwester Samantha wechselt Henrietta Harris nach der Grundschule auf die Realschule. Sie hat einen klaren Berufswunsch, sie möchte ins Hotelfach. Einen Ausbildungsplatz zur Hotelfachfrau erhält sie in Nürnberg. Doch bricht sie die Ausbildung nach drei Monaten ab. Zwar gefällt ihr das Berufsfeld immer noch, aber sie findet sich darin nicht vollumfänglich wieder. Sie will sich weiter orientieren und beginnt ein Freiwilliges Soziales Jahr.

Henrietta Harris ist im Krankenhaus und in einer Einrichtung für Menschen mit besonderen Bedürfnissen tätig. Die Aufgaben sagen ihr zu. Sie macht eine Ausbildung zur Krankenpflegehelferin. Den Weg weiterzugehen mit einer Ausbildung zur Gesundheits- und Krankenpflegerin, das verfolgt Henrietta Harris jedoch nicht. Eine Lehrerin versucht sie zu überzeugen, sie sieht ihre Fähigkeiten. Sie selbst ist aufgrund ihres Abschlusszeugnisses keineswegs von sich überzeugt, sie glaubt nicht daran, dass sie zwei weitere Ausbildungsjahre erfolgreich bestehen kann. »Die Arbeit in dem Bereich habe ich mir zugetraut, das Ausbildungspensum erschien mir jedoch als nicht zu schaffen«, sagt sie rückblickend und bedauert das noch heute.

Als Schwarzes Kind, das ständig heraussticht, hat sie es sich mit der Zeit angewöhnt, sich möglichst immer in den Hintergrund zu stellen, unauffällig zu sein, um nicht bemerkt zu werden. Eigentlich, so sagt sie, sei sie ein lautes, fröhliches, quirliges Kind gewesen. Besonders wenn sie mit ihren Schwarzen Freundinnen, die jedoch nicht dieselbe Schule besuchen wie sie, zusammen ist, entsteht eine Gruppendynamik, die ihr guttut, ihr das Gefühl von Zugehörigkeit gibt und das, unangreifbar zu sein. Ansonsten ist sie eher schüchtern, zurückhaltend.

Auch sie trifft während ihrer Ausbildungszeit auf Menschen, die ihr vermitteln, sie könne nichts und werde es auch zu nichts bringen. Dabei leistet sie nach eigenem Empfinden stets sehr gute Arbeit. Diese Menschen, sagt Henrietta Harris, seien sehr negativ gewesen und sie habe sich von ihnen diskriminiert gefühlt. Gewehrt habe sie sich jedoch nicht.

Ihre Schwester Samantha Harris verlässt nach bestandenem Abitur Vöhringen und geht nach Germersheim an die Universität, um dort im Diplomstudiengang »Übersetzen und Dolmetschen« Englisch und Spanisch zu studieren. Bald jedoch zieht es sie in das nahe gelegene Heidelberg, wo sie ihr Studium auch abschließen wird. Zwar hat sie Übersetzerin werden wollen, doch stellt sie bald fest, dass dieser Beruf nicht mehr ihre erste Wahl ist. Samantha Harris arbeitet, schaut sich um und gelangt über Umwege, wie sie sagt, in die klinische Forschung. Bis heute ist sie bei einer Mannheimer Firma als Projektmanagerin tätig.

Auch Henrietta Harris möchte beruflich richtig Fuß fassen. Sie bewirbt sich um einen Ausbildungsplatz zur Altenpflegerin in Mannheim. »Der Punkt ist, dass ich immer echtes Interesse an der Arbeit haben muss, die ich mache. Ansonsten erledige ich sie nur. Das kommt natürlich bei den Vorgesetzten nicht gut an«, sagt sie selbstkritisch. »Sie meinen dann, ich könne nichts, was aber gar nicht stimmt.«

Nachdem Henrietta Harris bereits einige berufliche Erfahrungen gesammelt hat, scheint sie mit der Altenpflege das Passende für sich gefunden zu haben. Sie beendet ihre Ausbildung und arbeitet seitdem als examinierte Altenpflegerin in der außerklinischen Intensivpflege. Die Arbeit erfüllt sie, denn sie gibt ihr das Gefühl, den Menschen etwas Gutes zu tun. »Jeder Mensch ist wertvoll, das ist es, was ich auch in meiner Arbeit täglich zum Ausdruck bringe.«

Eine ständige Beweispflicht

Das Thema »Haare« betrachten die Schwestern inzwischen sehr unterschiedlich. Samantha Harris hat damit Frieden geschlossen, während Henrietta Harris erzählt, dass sie ab der fünften Klasse ihre Haare habe chemisch glätten lassen. Mit ihren Löckchen und Zöpfchen im Rampenlicht zu stehen, hatte sie zu sehr genervt. Sie will unauffällig sein. Auch später glaubt Henrietta Harris, dass dies die beste Chance ist, um möglichst nicht angegriffen zu werden. Sie denkt, je glatter das Haar, desto weniger Wahrnehmung durch andere. »Seit der fünften Klasse habe ich meine Haare nie mehr offen getragen.«

Doch unauffällig ist sie deshalb nicht. Immer wieder würden Menschen, besonders Patientinnen und Patienten, sie nach ihrer Herkunft fragen. Sie stört das nicht, sondern sie nimmt sich die Zeit, um in Ruhe mit den Menschen zu reden.

Samantha Harris wiederum, inzwischen Mutter von zwei kleinen Kindern, wird selten nach ihrer Herkunft gefragt, was sicherlich auch an ihrem Umfeld liegt. Dieses, sagt sie, hätten sie und ihr Mann, ein weißer Deutscher, ganz bewusst gewählt. Dennoch kennt auch sie die Situation, aufgrund ihres Äußeren erst mal Überzeugungsarbeit leisten zu müssen. Zu beweisen, dass sie deutsch ist, dass sie dazugehört. So beispielsweise bei ihrer ersten Wohnungssuche in Mannheim. Lange spricht sie mit dem älteren Vermieter-Ehepaar. Erleichtert stellt das Paar nach einer Weile fest, dass Samantha Harris ja eine weiße Mutter hat und gut Deutsch spricht. Ein ausländischer Nachname soll jedoch nicht an der Haustür stehen. Wobei, wie sie einlenken, es ja wesentlich schlimmere Nachnamen gibt. Der Nachname Harris sei ja zum Glück US-amerikanisch.

Samantha Harris kann die Wohnung haben, sie entscheidet sich aber dagegen. Heute, sagt sie erleichtert, sei sie froh, solche Gespräche nicht mehr allein führen zu müssen, sondern sie gemeinsam mit ihrem Mann führen zu können. Dennoch habe diese Erfahrung lange an ihr genagt. Sich ständig aufgrund der Hautfarbe oder Herkunft erklären zu müssen, sei erniedrigend. Aber als noch schlimmer empfindet sie es, sich an die negative, abwertende und geringschätzende Behandlung zu gewöhnen. »Das ist tragisch«, sagt sie mit Nachdruck.

Visionen und Träume, Stärkung und Halt

Wir sprechen darüber, was sich beide für die Zukunft wünschen und für ihre Kinder. Samantha Harris erzählt von ihrer Tochter. »Die Kleine hat rote Haare, zwar Locken, aber eben rot, und sie ist sehr viel heller als ich.« Natürlich werde sie ihr immer die nötige Stärke vermitteln. Sie ist sich aber ziemlich sicher, dass ihre Tochter weniger Probleme haben wird. »Je weniger man auffällt, umso weniger Probleme hat man auch«, ist sie ähnlich überzeugt wie ihre Schwester Henrietta Harris und kommt wieder auf ihr Umfeld zu sprechen. Das sei multikulturell, progressiv und man müsse niemandem etwas erklären.

Dennoch, Stärkung sei sehr wichtig, egal aus welchem individuellen Grund. Die Schwestern sagen beide, sie hätten Stärkung erfahren, und zwar von ihrem weißen Stiefvater. Er kommt in die Familie, als Henrietta drei Jahre alt ist und Samantha neun Jahre. Dieser Mann habe ihnen Mut gemacht, ihnen Zutrauen vermittelt, sie unterstützt, wo es nur ging, und dies ohne große Worte. Durch seine mentale Unterstützung haben sie zur Selbstständigkeit gefunden. Neben der Mutter wurde er ein zweiter Ankerpunkt im Leben der beiden Schwestern. »Er hat immer an uns geglaubt und uns durch sein positives Menschenbild gestärkt.« Und ich verstehe, dass beide Eltern den Schwestern emotionale Stärke gaben, die ihnen sehr gut tat.

Auch ihr Mann, sagt Samantha Harris, setzt sich als Pädagoge sehr mit dem Thema Mehrfachdiskriminierungen auseinander, zu Hause würden die Gespräche darüber oft weitergeführt. Sie sagt, dass sie sich für ihre Kinder eine diskriminierungssensible Welt wünscht. Eine Gesellschaft, die offener und feinfühliger mit dem Thema Rassismus umgeht, die bereit ist, Klischees abzulegen und Schubladendenken zu überwinden. Dazu gehört auch ein sensiblerer Umgang mit Sprache. »Ich kann es überhaupt nicht nachvollziehen, wie sich weiße Menschen in ein deutsches Fernsehstudio setzen können, um darüber zu befinden, ob das N-Wort richtig oder falsch ist«, sagt sie sichtlich erbost. »So was würde es in der Form in den USA nicht geben.« Mit ihrem Vater, der in den USA lebt, unterhalte sie sich oft über das Thema Black Lives Matter, und auch in Deutschland sieht sie noch viel Nachholbedarf.

Henrietta Harris stimmt dem zu. Sie fragt sich, was sich die Menschen bei manchen Äußerungen eigentlich denken, und berichtet als Beispiel von einem Besuch in einer Boutique. Die Verkäuferinnen hätten sich laut darüber unterhalten, ob sich eine wie sie die Preise in dieser Boutique überhaupt leisten könne.

Auch Samantha Harris hat schon Ähnliches erlebt, was sie heute noch gern korrigieren würde. Mit ihren Leistungen in einem Hauptfach stand sie zwischen zwei Noten. Um die Empfehlung für das Gymnasium zu erhalten, hätte sie die bessere Note gebraucht. Die Lehrerin bestellt ihre Mutter und sie ein. In dem Gespräch erklärt sie ihnen, dass sie Samantha die schlechtere Note geben wird, da sie ihr den Besuch eines Gymnasiums ohnehin nicht zutraut. Samantha wird damit gezwungen, den Aufnahmetest fürs Gymnasium zu machen. Sie besteht den Test, der Rest ist Geschichte.

Jahre später habe diese Lehrerin zufällig ihre Mutter getroffen und gefragt, was denn aus ihrer Tochter geworden sei. Die

Antwort der Mutter, dass ihre Tochter nicht nur das Abitur, sondern auch ihr Diplom erfolgreich abgeschlossen hat, nimmt die Lehrerin mit ungläubigem Staunen zur Kenntnis. »Ich weiß nicht«, sagt Samantha Harris, »ob diese Lehrerin sich nur bei mir so verhalten hat und es mit meiner Hautfarbe zu tun hatte. Ich hatte den Eindruck, aber beweisen kann ich es natürlich nicht.«

Diese Geschichte habe Spuren bei ihr hinterlassen. Noch heute überkommen sie gelegentlich Zweifel, ob sie für etwas gut genug ist oder ihr ein Erfolg, eine Leistung nur durch Zufall gelang. Wenn sie könnte, sagt Samantha Harris, würde sie sich am liebsten dieser Lehrerin gegenüberstellen. Institutionellen Rassismus darf es einfach nicht geben.

»Genau«, bestätigt Henrietta Harris, er würde verhindern, dass Menschen ihre Identität finden. Als Jugendliche hätte sie Situationen erlebt, in denen sie verbal attackiert wurde und große Angst hatte. Diese Situationen würden sie bis heute daran hindern, zu ihrer Identität zu stehen. Sie ist immer noch dabei, sich weiterzuentwickeln, sagt Henrietta. Dabei sei sie längst nicht mehr so schüchtern wie früher. Wenn es sein muss, setzt sie sich zur Wehr. An ihrem Arbeitsplatz zum Beispiel würde sie sich nichts gefallen lassen.

Zu ihrer Weiterentwicklung gehört auch ihr Haar, wie sie sagt. Mit einer Schwarzen Freundin spricht sie viel über das Thema. Die Freundin ist schon weiter als sie, würde ihr natürliches Haar tragen und damit offen zu ihrer Identität stehen. Dafür braucht sie noch etwas mehr Mut, gibt Henrietta Harris zu. Offenes Haar sei für sie aber ganz klar ein Zeichen von Identität. Das Wichtigste daran sei natürlich, den perfekten Friseur, die perfekte Friseurin zu finden für die kleinen süßen Köpfe, wie sie ihre Traumfrisur nennt.

Unisono sagen die beiden Schwestern am Ende unseres Gespräches: »Unsere Erfahrungen haben uns gestärkt und uns zu den Menschen gemacht, die wir heute sind.«

Stephania Mbianda Papdo,
Gynäkologin, Saarbrücken,
Saarland, mit Wurzeln in
Kamerun, Zentralafrika

Was wir zulassen, entscheiden wir selbst

Stephania Mbianda Papdo, Gynäkologin

Lebe, wie du bist

Sie ist das Gesicht des Afro Beauty Festivals, eines Projektes zur Stärkung der kulturellen Identität junger Menschen mit afrikanischen Wurzeln. Und sie ist es auch, die immer wieder hervorhebt, wie wichtig es ist, die Kulturen der verschiedenen afrikanischen Länder täglich neu zu entdecken, am Leben zu erhalten und all die Menschen stolz zu machen, die sie in sich tragen. Diese Philosophie kommuniziert Stephania Mbianda Papdo nicht nur, sie verkörpert sie mit ihrem ganzen Sein und Handeln.

Doch bevor Stephania Mbianda Papdo davon berichtet, wie sie diese Philosophie in Projekte umsetzt, erzählt sie zunächst von sich.

Ein Leben für die Gemeinschaft

Die 1985 in Garoua geborene Kamerunerin, mittlerweile Mutter von drei Kindern, lebt seit 2003 in Deutschland. Ihre Eltern sind sehr gläubige Menschen, wie sie sagt, und in ihrem ethischen Anspruch immer schon Vorbilder für sie. Beide arbeiten in der Naturwissenschaft, der Vater Physiker, die Mutter Mathematikerin, sie haben an einem Gymnasium zunächst in Garoua, dann in Bafoussam unterrichtet. Schule war schon immer das Wichtigste in ihrer Familie, sagt Stephania Mbianda Papdo. Die

Erziehung ihrer drei Brüder, ihrer Schwester und ihre eigene sei über Leistung erfolgt. »Wenn wir etwas haben wollten«, erklärt sie, »mussten wir dafür gute Noten bringen. Sonst gab es nichts.«

An ihre Kinder gibt sie weiter, was ihre Eltern sie damit gelehrt hätten. Sich auf das Wesentliche zu konzentrieren und sich dafür einzusetzen. Möchten sich ihre Kinder einen Wunsch erfüllen, müssen auch sie dafür sparen. Ehrgeiz und Fleiß lernen ihre Kinder so von klein auf. Mangel lehrt Wert, ist die Meinung von Stephania Mbianda Papdo.

Trotz der angesehenen Berufe ihrer Eltern lebt die Familie in bescheidenen Verhältnissen. Ihre Eltern gehören mehreren Vereinen an, in denen man füreinander einsteht, Verantwortung übernimmt und sich unterstützt. »Ich«, erklärt Stephania Mbianda Papdo, »stehe nur hier, weil viele Menschen an meiner Entwicklung mitgewirkt haben.«

Jedes Mitglied eines Vereines zahlt üblicherweise Geld ein. Das Geld wird gesammelt, um es turnusmäßig monatlich immer einem anderen Mitglied zur Verfügung zu stellen. Nur aufgrund dieses Verfahrens, erzählt sie weiter, war es ihr und ihren Geschwistern überhaupt möglich, zum Studium nach Deutschland zu gehen. Denn Stephania Mbianda Papdos Eltern erhielten auf diese Weise die nötigen 7.000 Euro, die sie als Kaution für das Auslandsstudium ihrer Kinder jeweils hinterlegen mussten.

Der etwas andere Wind

Nach dem Abitur zieht Stephania Mbianda Papdo zunächst zu ihrer Tante nach Berlin und absolviert einen dreimonatigen Deutschkurs. Der Kurs ist Voraussetzung dafür, ein Studium in Deutschland aufnehmen zu können. »Bei uns hält die Familie eng zusammen«, betont sie. Ihre Mutter, die mit 18 Jahren Waise wurde, habe ihr den Wert von Familie vermittelt. Deshalb war es auch selbstverständlich, dass die Tante in Berlin sich ihrer zunächst annahm. Stephania Mbianda Papdo bewirbt sich auf mehrere Studienplätze und beginnt schließlich mit Informationstechnik. Doch dann kann sie zu einem Fach wechseln, das sie viel mehr interessiert. Sie beginnt an der Martin-Luther-Universität in Halle-Wittenberg Medizin zu studieren. Die von ihren Eltern hinterlegten 7.000 Euro sind bald verbraucht und mehr Unterstützung von zu Hause hat sie nicht zu erwarten. So finanziert sich die junge Studentin selbst. Anfangs pendelt sie jedes Wochenende von Halle nach Berlin, wo sie einen Job als Kellnerin hat. Später arbeitet sie in den Semesterferien in Karlsruhe, dort studiert ihr Bruder Informatik.

Sie sei sich für nichts zu schade gewesen, erzählt Stephania Mbianda Papdo, ob Nachtschichten in einer Druckerei, Verkauf in einem Schnellimbiss oder die Arbeit als Zimmermädchen in einem Hotel, sie habe gemacht, was sie bekam.

Das Leben in Halle hält für die junge Frau einige Überraschungen bereit. An der Universität findet sie schnell Anschluss, fühlt sich wohl. Doch weht auch dort gelegentlich ein rauer Wind. »Da kommt man als junges Mädchen nach Europa und freut sich, dass man hier sein darf, um zu studieren, und dann wundert man sich, dass man richtig böse angeschaut wird, obwohl man doch gar nichts gemacht hat«, sagt Stephania Mbianda Papdo.

Die Studentin versucht über den Dingen zu stehen. Sie ist großzügig, überhört negative Kommentare ihre Hautfarbe betreffend, besonders, wenn sie von alten Menschen geäußert werden. Sie seien Kinder ihrer Zeit, stellt Stephania Mbianda Papdo nüchtern fest. Schockiert habe sie das Verhalten junger Menschen. Beispielsweise das einer jungen Frau in der Straßenbahn, die mit der Bemerkung »Ein Dreck wie du setzt sich nicht neben mich« verhindern will, dass Stephania Mbianda Papdo sich auf den freien Platz neben ihr setzt. Stephania tut dies dennoch unbeirrt und wird weiter auf das Übelste beschimpft. Sie registriert, dass niemand einschreitet. An der nächsten Haltestelle steigt die schimpfende Frau aus. Tage später treffen die beiden Frauen per

Zufall erneut aufeinander. Stephania Mbianda Papdo möchte wissen, warum sie derart beschimpft wurde, und geht auf die Frau zu. Diese läuft jedoch ängstlich vor ihr weg. Das sei etwas, sagt Stephania Mbianda Papdo heute, was sie an Rassismus so stört. Menschen, die anders aussehen, würden Dinge unterstellt, die nicht im Geringsten etwas mit ihnen zu tun hätten. Die Folgen seien zum Beispiel misstrauische Gesichter, das Umklammern von Taschen, das Wechseln der Straßenseite. Verstehen kann sie dieses Verhalten bis heute nur schwer.

Ihre Zeit als Studentin, betont Stephania Mbianda Papdo, sei ihr in vieler Hinsicht eine Lehre gewesen. Sie sei dadurch erwachsen geworden und stark.

Auch den sogenannten positiven Rassismus erlebt sie, wobei sie nicht verstehen kann, was daran positiv sein soll.

Es ist ihre erste mündliche Prüfung im Studium, Fach Physik. Ihr Professor habe ihr eine gute anstatt einer befriedigenden Note geben wollen. Er begründet dies damit, dass sie die deutsche Sprache noch nicht so gut beherrsche. Die junge Kamerunerin will jedoch keine Gnadenpunkte, das empfindet sie als verletzend. Sie erwartet die Note, die ihrer Leistung entspricht, auch wenn das in diesem Fall bedeutet, eine schlechtere Note zu bekommen.

Stephania Mbianda Papdo wird kämpferischer. Bis heute mag sie es nicht, wenn sich Menschen ihr gegenüber gönnerhaft geben, um ihr deutlich zur Schau gestellt etwas »Gutes« zu tun. Eine Haltung, die ihr sehr missfällt. »Auf diese Weise empfindlich bin ich erst in Deutschland geworden. Warum glaubt man, ich bräuchte Hilfe, nur weil ich so aussehe, wie ich aussehe?«

Ebenso erlebe sie bis heute nonverbale Diskriminierung, die nicht minder verletzend sei. Schweigen, wenn sie den Raum betritt, abwertende Blicke, all das könne das Leben negativ beeinträchtigen. Doch, so wiederholt sie, es seien Erfahrungen, an denen sie gewachsen sei. Ihren Stolz hat sie dabei bis heute nicht verloren.

Komme es, wie es wolle

Am Ende des dritten Studienjahres und nach bestandenem Physikum bekommt sie 2009 ihr erstes Kind. Ihren Mann, einen acht Jahre älteren Ingenieur aus Kamerun, lernt sie 2006 in Würzburg kennen. Zunächst sei die Mutterschaft ein wahrer Schock für sie gewesen. Nicht, dass sie sich auf das Kind nicht gefreut habe. Aber sie habe sehr viele Frauen gekannt, die wegen des Studiums nach Deutschland gekommen seien, dann Mutter geworden seien und infolgedessen das Studium nie abgeschlossen hätten. Diese Frauen seien dann abhängig geworden. Abhängig von ihren Männern. Abhängig von schlechten Jobs. Abhängig von behördlicher Unterstützung. Die Träume zerplatzten und die Familien zerbrachen. Eine solche Biografie wollte sie für sich auf gar keinen Fall. Sie fühlte auch eine Verantwortung den Menschen gegenüber, die ihr das Studium in Deutschland ermöglicht hatten.

Sie klagt ihrer Mutter ihr Leid und erzählt ihr von ihren Befürchtungen. Ihre Mutter gibt ihr einen Rat, es sind goldene Worte für sie, bis heute. »Ein Kind«, sagt sie, »ist ein Segen und kann nie etwas Böses tun oder jemanden von seinem Leben und seinen Zielen abhalten.«

Stephania Mbianda Papdo nimmt die mütterlichen Worte in sich auf. Sie glaubt, dass ihr Kind sie nicht daran hindern wird, das zu tun, was sie will, und sie setzt ihr Studium fort. Ihr Mann lebt überwiegend in Würzburg. Der Familientradition folgend wird die werdende Mutter tatkräftig von ihrer Schwägerin unterstützt. Auch sie kommt aus Kamerun nach Deutschland und lebt zunächst bei Stephania, um sich auf ein Studium vorzubereiten. Darüber hinaus erfährt Stephania auch immer wieder positive Unterstützung ihres weißen, deutschen Umfeldes. Beispielsweise von einer Frau um die 60, die Gefallen an einer afrikanischen Kirchengemeinde gefunden hat, die sie regelmäßig besucht. Die beiden Frauen lernen sich kennen und finden heraus, dass sie

Nachbarinnen sind. Die Nachbarin bietet ihr an, sich tagsüber um den kleinen Sohn zu kümmern. Es entsteht eine Freundschaft, aus der Nachbarin wird schließlich »Oma Helga«, die sie bis heute für die gesamte Familie ist. Und auch Kommilitoninnen werden auf diese Weise zu lebenslangen Freundinnen. Sie helfen im Haushalt, als Stephania Mbianda Papdo im Wochenbett liegt.

Dennoch ist der Alltag mit Kind und Studium nicht einfach. So hat sich Stephania Mbianda Papdo ihre Zeit als Studentin nicht vorgestellt. Aber das Leben hält nun mal immer Überraschungen bereit, darauf müsse man vorbereitet sein, ist ihre Überzeugung.

Kurz vor Ende des Studiums 2012 bekommt sie ihr zweites Kind. Es gelingt ihr, die Prüfungen für das zweite Staatsexamen abzuschließen, bevor ihre Tochter zur Welt kommt.

Stephania Mbianda Papdo blickt zurück: »Ich weiß noch, wie wahnsinnig stolz ich war, als ich mein Zeugnis 2013 in der Hand hielt.« Mit lediglich einem Semester über der Regelstudienzeit hat sie ihr Ziel erreicht und sei mit sich unsagbar zufrieden gewesen. Natürlich war diese Zeit auch anstrengend. »Im Leben wird einem nun mal nichts geschenkt«, sagt sie, sich erinnernd, dass sie hochschwanger nachts in die Bibliothek ging, um zu lernen. »Oft lag ich wegen meiner Rückenschmerzen unter dem Tisch, um meinen Rücken etwas zu entlasten und dann weiter lernen zu können.«

Klassendenken

Endlich gelingt es der Familie, zusammenzuleben. Mit ihrem Mann und den beiden Kindern zieht Stephania Mbianda Papdo ins bayerische Puschendorf, ein 2.000-Seelen-Dorf in der Nähe von Erlangen. Sie sind die einzige Schwarze Familie und fühlen sich in dem Ort sofort wohl. Vor allem die Frauen, insbesondere jene, die nicht berufstätig sind, nehmen Kontakt zu der neuen Nachbarin auf. Sie laden sie ein, wollen mehr von ihr erfahren. Das sei sehr nett gewesen, findet Stephania Mbianda

Papdo noch heute. Viele dieser Frauen wollen der jungen Familie Papdo jedoch unbedingt Sachen schenken. Es sei ihr regelrecht peinlich gewesen. Denn die Sachen brauchen sie nicht, sie will aber niemanden vor den Kopf stoßen und nimmt die Dinge aus Höflichkeit an.

Die Familie lebt im Eigenheim. Warum also glaubt man, dass sie bedürftig sind? Eine Begebenheit aus dieser Zeit amüsiert Stephania Mbianda Papdo noch heute. Sie wird von einer Frau eingeladen, sie am Nachmittag zu Hause zu besuchen. Es stellt sich heraus, auch diese Frau möchte ihren Gast beschenken. Die Frauen unterhalten sich, sprechen schließlich auch über ihre Berufe. Stephania Mbianda Papdo, die stets bescheiden auftritt, erzählt ihrer Gastgeberin, was sie beruflich macht. »Als sie hörte, dass ich Ärztin bin und in der nahe gelegenen Klinik arbeite, war der Nachmittagskaffee schnell beendet und der Kontakt verflüchtigte sich. Die Frau arbeitete als Reinigungskraft.«

Es spricht sich herum, dass Stephania Mbianda Papdo Ärztin ist. Auf einmal kommen neue Kontakte zustande. Die neuen Kontakte haben meist eine ähnliche Bildungsbiografie. Sie möchten, dass die Kinder der Familie Papdo mit ihren Kindern spielen. »Das war reines Klassendenken«, sagt Stephania Mbianda Papdo.

In ihrem beruflichen Umfeld erlebt sie Ähnliches. Dazu gehören Grenzüberschreitungen von Menschen, die sich dies gegenüber weißen Ärztinnen und Ärzten niemals erlauben würden. Sie selbst macht keine sozialen Unterschiede. »Menschen sind Menschen«, sagt sie und betont, dass sich niemand selbst aussucht, wo er geboren wird oder welche Eltern er hat.

Sie mag es jedoch gar nicht, wenn sie ungefragt geduzt und berührt wird, ihr beispielsweise auf die Schulter geklopft wird. Darf sie, nur weil sie Schwarz ist, fragt sie sich, nicht selbstverständlich auch einen respektvollen Umgang erwarten? Den Respekt, den sie anderen entgegenbringt, erwartet sie auch für sich.

Äußert sie dies jedoch, wird ihr gern Arroganz unterstellt. Dabei verteidigt sie doch nur ihre Würde.

Sie hat den Eindruck, dass ihre Worte anders ausgelegt werden als die ihrer weißen Kolleginnen und Kollegen. Auch muss sie oft um die Anerkennung ihrer Professionalität und Kompetenz kämpfen. Dass sie dankbar zu sein habe, überhaupt in einer deutschen Klinik arbeiten zu dürfen, wird ihr einmal gesagt.

Trotz allem liebt Stephania Mbianda Papdo das Leben in Deutschland, und sie hat inzwischen die deutsche Staatsbürgerschaft angenommen.

2014 verlässt die Familie Deutschland vorübergehend in Richtung Frankreich, ihr Mann wird beruflich entsandt. Stephania Mbianda Papdo lässt ihre Berufstätigkeit für eine Weile ruhen.

»Es war ein komplett anderes Leben«, beschreibt sie die Jahre dort. Ihre Kinder besuchen eine deutsche Privatschule. Aufgrund ihres Entsandten-Status ist die Familie umgeben von anderen Entsandten. Der soziale Status ist hoch, das interkulturelle Interesse und ein respektvoller Umgang sind selbstverständlich.

Auf neuen Wegen

Die berufliche Pause hält jedoch nicht lange an. Nach drei Jahren übernimmt Stephania Mbianda Papdo eine Stelle in einer Klinik in Saarlouis mit dem Ziel einer beruflichen Weiterentwicklung. Sie mietet für sich eine kleine Wohnung vor Ort. Vier Tage in der Woche ist sie in Saarlouis, die übrigen Tage bei der Familie in Frankreich. Wenn sie nicht da ist, kümmert sich ihr Mann um die Kinder und außerdem, entsprechend der Tradition, ein weiteres Familienmitglied. Drei Jahre lang pendelt sie über 830 Kilometer pro Woche. Die junge Mutter ist ehrgeizig, energiegeladen und engagiert. Sie will ihr berufliches Ziel erreichen.

Am Anfang weckt das in ihrem Umfeld viele Fragen. Manche verstehen nicht, warum eine Mutter von drei Kindern, deren Mann sehr gut verdient, arbeiten muss. Warum sie ihre Kinder immer wieder verlässt. Warum sie diese Anstrengung auf sich nimmt. Stephania Mbianda Papdo wiederum versteht nicht, warum der Verdienst des Mannes für eine Frau darüber entscheidet, ob sie ihren Beruf ausübt oder nicht. Was ist das Problem, habe sie sich damals gefragt, aus Kamerun kennt sie es nicht anders, es arbeiten stets beide Elternteile, und die Mütter bleiben nie lange bei den Kindern zu Hause.

Seit 2020 hat die Familie wieder ein Eigenheim in Saarbrücken. Der älteste Sohn besucht das deutsch-französische Gymnasium, die anderen Kinder gehen noch auf die Grundschule. Nun ist es der Vater, der wöchentlich pendelt. Natürlich kostet das alles Kraft und Energie, sagt Stephania Mbianda Papdo. Sie ist dennoch eine ausgeglichene und zufriedene Mutter, das sei wichtig. Auch sollen ihre Kinder lernen, dass Arbeit ein ganz normaler Bestandteil des Lebens ist.

Das geht besser

Ende 2022 hofft sie, ihre weitere Ausbildung abzuschließen. Eine Zusatzqualifikation, ein zusätzliches Zertifikat in der Hand zu haben, sei für Schwarze Menschen in Deutschland sehr wichtig, betont sie. Man müsse auch heute noch doppelt so gut sein wie weiße Mitbewerberinnen und Mitbewerber. Nur dann würde man als annähernd gleich qualifiziert gelten, davon ist sie überzeugt. Ohne Resilienz, Durchhaltevermögen und Zähigkeit würde man das nicht schaffen. Und ja, sagt sie fast trotzig, ein Schwarzer Mensch darf auch aus eigener Kraft und eigenem Vermögen erfolgreich sein und nicht, weil er Glück hat, wie man es ihr oftmals schon unterstellen wollte. Ihr Mann sei der festen Überzeugung, dass viele Menschen Schwarze automatisch einer niedrigeren Klasse zuordneten. Statusinkonsistenz, wie er sagt.

Stephania Mbianda Papdo erzählt weiter, dass sie diese gesellschaftlichen Umstände zwar nicht gutheiße, dennoch habe es aus ihrer Sicht auch jeder selbst in der Hand, Dinge zu ändern und nicht in der Opferrolle zu verharren. »Wenn man eine Hürde überwindet, macht man das auch für andere, die einem zuschauen.« Als Mutter freut sie sich sehr darüber, dass ihre achtjährige Tochter sie als ihr Vorbild betrachtet.

Sie beschreibt ein weiteres gesellschaftliches Phänomen, das Schwarzen und damit generell den afrikanischen Kulturen Anerkennung, Kompetenz und Professionalität abspricht. Doch würden viele Schwarze, viele Menschen mit afrikanischen Wurzeln, sich mit ihrer Kultur unsicher fühlen und sich von ihr innerlich wie äußerlich distanzieren. Stephania Mbianda Papdo sagt: Wie sollen denn die europäischen Gesellschaften die afrikanischen Kulturen wertschätzen, wenn es die eigenen Leute nicht tun? Sie versuche, bei allem, was sie macht, zu ihrer Kultur zu stehen, sie zu lieben und zu leben.

Dem Trend, Schwarzen Kindern europäische Vornamen zu geben, sei sie bei ihren Kindern nicht gefolgt. Warum auch, sagt sie, es gibt so wunderschöne afrikanische Namen. Afrika habe die Kolonisation gehabt und sie in ihrer ursprünglichen Form längst überwunden. »Aber wir leben sie weiter, wenn wir unseren Kindern europäische Namen geben, uns das Haar glätten, uns die Haut bleichen. Wenn wir uns selbst nicht respektieren, warum sollen es dann andere Völker tun?«

Der Schlüssel zur Selbstachtung

Aus dieser Überzeugung heraus gründet sie 2009 die Gruppe »Afro Ô Natural«. Zu dem Zeitpunkt leidet sie als Folge der chemischen Glättung ihres Haares während ihrer Schwangerschaft unter massivem Haarausfall. Auf Internetportalen sucht sie nach Lösungen, nach Leidensgenossinnen, nach Tipps, und weil sie kaum fündig wird, gründet sie auf Facebook die Gruppe, die sich aus afrikanischen Frauen von überall her zusammensetzt. Bei »Afro Ô Natural« geht es um die richtige Pflege von afrikanischem Haar und entsprechende Tipps für die Pflegeprodukte.

Bei ihr sei ein Bewusstseinswandel entstanden, sagt sie heute. Seit ihrem 18. Lebensjahr habe sie sich jahrelang ihr krauses Haar mit viel Chemie geglättet. Sie habe unzählige Perücken besessen, um schön, modern, europäisch auszusehen. Dann habe sie gelernt, zu ihrer Natürlichkeit zu stehen, sich schön zu finden. Dieses Selbstbewusstsein habe sie auch ihren Kindern mitgegeben. Ihr Haar trägt sie seit 2009 natürlich.

Als Kind habe ihr Onkel sie damit aufgezogen, dass sie eine sehr breite Nase habe. Er habe das zwar als Spaß gemeint, bei ihr sei daraus in jungen Jahren dennoch ein Komplex entstanden. Wenn man nicht aufpasst, sagt Stephania Mbianda Papdo, und sich mit einem vermeintlichen Schönheitsideal vergleicht, könne das bis in die Selbstablehnung und zu einem verkehrten Selbstbild führen. Was die Selbstachtung betrifft, sei der Sinneswandel sehr wichtig gewesen. »Denn ich selbst bin dafür verantwortlich, mich schön zu finden.« Und sie fände sich schön.

Mit »Afro Ô Natural« führt Stephania Mbianda Papdo online kleine Events durch, Afro Beauty Festivals und einen Wettbewerb, den sie »Miss Nappy Germany« nennt. »Es gibt so viele schöne Schwarze Frauen mit natürlichem Haar, das soll mit diesem Wettbewerb gezeigt werden«, erklärt sie ihre Projekte. Voraussetzung für die Teilnahme sind natürliches Haar und ungebleichte Haut. »Miss Nappy Germany« soll einen Raum schaffen, in dem sich alle so lieben, respektieren und akzeptieren, wie sie sind, das ist das Anliegen von Stephania Mbianda Papdo.

Unterstützen statt helfen

Und da die Wurzeln vieler Schwarzer Menschen in Afrika liegen, sie jedoch in Europa leben, gründete sie einen Verein mit dem Namen »Roots and Wings«. Neben Deutschland ist er auch in ihrer Heimat Kamerun und in Frankreich vertreten. Mit Hilfe des Vereines werden Organisationen in Kamerun unterstützt. Dafür werden Gelder gesammelt. So konnten beispielsweise während der Pandemie 2020 Masken genäht und Desinfektionsmittel produziert werden. »Es ist uns wichtig, nicht nur zu helfen, indem wir Dinge spenden. Stattdessen möchten wir die Menschen vor Ort dabei unterstützen, sich selbst zu organisieren. Damit schaffen wir auch Arbeitsplätze.«

Gerne würde sie in Kamerun eine Ausbildungsstätte gründen, in der junge Menschen von deutschen Meisterinnen und Meistern in verschiedenen Handwerksberufen ausgebildet und weiterqualifiziert werden. Auffällig sei, dass viele junge Menschen aus Kamerun nach Deutschland kommen, um hier zu studieren. Ein Handwerk erlernt jedoch kaum jemand. Und ausgebildete Handwerker würden in der Heimat fehlen. Vieles dort sei »Learning by doing«. Sie lacht: »Ich liebe die deutsche Tugend, die Disziplin, die Wertarbeit, den Antrieb. Hier in Deutschland ist gut nicht gut genug, sondern alles kann immer noch besser sein. Das würde dem Handwerk in Kamerun guttun.«

Abschließend sagt Stephania Mbianda Papdo: »Da ja keiner entschieden hat, wo er wie auf die Welt kommt, sollten wir von überall das Beste zusammenführen und gut miteinander leben.«

Florence Brokowski-Shekete, Autorin, Coach und Schulamtsdirektorin, Baden-Württemberg mit Wurzeln in Nigeria, Westafrika

Mein Blick nach vorn

Wo wird eigentlich mit ihnen gerechnet, den Schwarzen Deutschen hier in Deutschland?

Rechnet man mit ihnen an den Orten, an denen sie leben, wirken, beruflich tätig sind?

Rechnet man mit ihnen, die oftmals die oder der erste, häufig noch dazu die oder der einzige Schwarze sind, an den Orten, an denen sie sich zu Hause fühlen, oder dort, wo sie ihre beruflichen Kompetenzen einbringen wollen?

Wie fühlt es sich an, oft auch heute noch, gesellschaftlich ein Solitär zu sein und aufgrund der Herkunft, aufgrund des Äußeren im Mittelpunkt zu stehen, ohne das selbst zu wollen?

Wie fühlt sich der Weg an, den sie gehen müssen, um dahin zu gelangen, wo sie hinwollen? Um jene Positionen zu erreichen, die sie aufgrund ihrer Ausbildung, ihres Studiums, ihres Könnens, ihres Wissens, ihrer Strebsamkeit und ihrer Freude als ihr berufliches Ziel ansehen? Und können sie selbstverständlich an jenen Orten leben, die ihnen gefallen, die sie für sich als angemessen empfinden?

Welche Unterstützung haben sie erhalten, welche Strategien entwickelt, wo nehmen sie ihre Stärke, ihre Energie, ihre Kraft her, um persönliche Meilensteine zu erreichen? Um Hürden und Stolpersteine zu überwinden?

Wie fühlt es sich an, dieses Leben von Schwarzen Deutschen in einer Gesellschaft, in der sie aufgrund ihrer Hautfarbe zunächst als vermeintlich nicht deutsch, als nicht dazugehörig wahrgenommen werden?

Diese Fragen waren der Auslöser für dieses Buch. Ich wollte ihnen nachgehen im Austausch mit Menschen, denen sich diese Fragen im Laufe ihrer Biografien gestellt haben. Entsprechend habe ich mir meine Gesprächspartnerinnen und Gesprächspartner ausgesucht. Es sollten Gespräche über ihre Erfahrungen werden, privat, schulisch, beruflich, ihren Werdegang, ihre Motivation, ihre Ziele, ihre Träume.

Im Laufe der Gespräche stellte sich jedoch heraus, dass dieser Austausch so viel mehr mit sich brachte als ein bloßes Weitergeben von Informationen. Die Gespräche verbanden, überraschten, bewegten. Sie machten betroffen, regten zum Nachdenken an, ließen uns gemeinsam lachen.

Ich habe zugehört, hin und wieder verwundert, mal hoffnungsvoll, mal freudig. Meine Gesprächspartnerinnen und Gesprächspartner haben mich teilhaben lassen an positiven Momenten ihrer Biografie wie an negativen Erlebnissen. Mir wurden Botschaften zuteil, ich spürte Versöhnliches, Verständnis und klare Haltung. Ich durfte Menschen kennenlernen, die immer wieder auf das Gute an den unterschiedlichen Stationen ihres Lebens verwiesen und sich weigerten, trotz oder gerade wegen gewisser Erlebnisse, ihr Leben in Deutschland negativ zu bewerten.

Ich habe meine Gesprächspartnerinnen und Gesprächspartner als Menschen erlebt, die Diskriminierungen, Ausgrenzungen, Rassismus für sich, ihre Kinder, ihre Familien und für andere eine klare Absage erteilen. Als Menschen, die es sich nicht nehmen lassen, in dem von ihnen bevorzugten Land zu leben. Als Menschen, die in ihrem Alltag für Wertschätzung,

Gleichberechtigung, Würde, Respekt und Akzeptanz einstehen. Und ich habe sie als Menschen erlebt, die dabei keine »Lebensempörung« ausstrahlen.

Meine Gesprächspartnerinnen und Gesprächspartner nahmen mich mit auf ihre persönlichen Lebensreisen. Sie gingen für mich weit zurück in die Kindheit, in die Jugend, in die Jahre des Erwachsenwerdens. Sie nahmen mich mit in ihre Ursprungsfamilien, zu ihren Eltern, Geschwistern, nahen Angehörigen, ihren Bezugspersonen, ihrer neu gegründeten Familie. Sie gewährten mir Einblicke in ihr Leben. Sie schenkten mir großes Vertrauen, indem sie mit mir teilten, was sie privat erlebten, in der Heimat ihrer Eltern, die sie zum Teil, aber nicht ausschließlich, auch als ihre Heimat ansahen. Und in Deutschland, ihrer einzigen oder neuen Heimat.

Während der Gespräche erlaubten sie es, dass ich ihnen sehr nahe sein durfte, ohne ihnen jemals zu nahe zu treten. Ich erfuhr eine Offenheit, ohne dass Grenzen überschritten wurden.

Ich lernte zwölf unterschiedliche Biografien kennen, die mir jedoch alle eines deutlich vor Augen führten, nämlich die Tragweite des Satzes, mit dem auch ich oft konfrontiert werde: »Die Hautfarbe ist doch heutzutage kein Thema mehr.«

Diese Aussage erscheint mir manchmal wie reines Wunschdenken derer, die weiß sind und zumindest äußerlich in Deutschland keiner Minderheit angehören. Ein Wunschdenken, vielleicht der Hoffnung geschuldet, dass das Zusammenleben von weißen und nicht weißen Menschen in Deutschland tatsächlich so einfach, unkompliziert und frei von Ressentiments funktioniert, wie es dieser Satz nahelegt.

Ein Satz jedoch, der, so leid mir das tut und so enttäuschend es für Weiße sein mag, auch heute noch immer nicht der Realität entspricht. Dessen Verneinung von Menschen, die nicht weiß sind, von Weißen nicht gern gehört wird. Im Gegenteil, es wird ihnen, den nicht weißen Menschen, dann oft sogar entgegnet, sie würden sich die Probleme mit der Hautfarbe nur einbilden, sie seien zu empfindlich, sie seien, das durfte ich mir aus pädagogischen Kreisen einmal anhören, »einfach zu genau bei diesem Thema«.

Für Weiße ist Diskriminierung aufgrund der Herkunft nur auf der Metaebene nachvollziehbar, nicht jedoch auf der Gefühlsebene.

Dieser Satz kann zwar am Anfang eines fruchtbaren Austausches zwischen Menschen unterschiedlicher Wurzeln stehen, aber nur, wenn mit ihm offen und reflektierend umgegangen wird und er nicht der Relativierung oder des Herunterspielens des Themas dient.

Leider ist dieser Satz aber genau das, eine Relativierung, ob bewusst oder unbewusst. Er entspringt dem Wunsch, sich nicht näher mit dem Thema, der anderen Hautfarbe eines Menschen, des Andersseins einer Person, der Diskriminierung, der Ausgrenzung, der Marginalisierung von Menschen anderer Herkunft auseinandersetzen zu müssen.

Es ist der Wunsch, über die Tatsache, dass die Hautfarbe eines Menschen durchaus noch eine alltägliche Rolle spielt, ob individuell oder systemisch, ob privat, in der Schule, am Arbeitsplatz, auf der Wohnungssuche, bei Behördengängen, nicht nachdenken zu müssen. Denn es würde eine Auseinandersetzung bedeuten, die anstrengend, unangenehm und fordernd ist.

Leider kann dieser Satz jedoch auch geprägt sein von bewusster Ignoranz, Überheblichkeit, der Herabsetzung und dem Leugnen der Erfahrungen anderer Menschen.

Aber wie bereits angedeutet, bietet diese Aussage auch Chancen, sich gerade wegen der individuellen Unterschiede wahrzunehmen, zu respektieren, die Grenze des Anderen zu wahren. Ohne Vorhaltungen, ohne Schuldzuweisungen. Ein offenes Aufeinander-Zugehen. Die Gelegenheit wahrzunehmen, einmal die Perspektive zu wechseln, die eigene Toleranz zu überprüfen, den Blickwinkel zu erweitern.

Die in diesem Buch versammelten zwölf Lebensgeschichten, so individuell und unterschiedlich sie natürlich sind, haben deutlich gezeigt, dass sich einige Themen wie ein roter Faden durch alle Geschichten ziehen.

In ihrer Kindheit waren für meine Gesprächspartnerinnen und Gesprächspartner andere Menschen wichtig, die ihnen Halt und Stärke gaben. Menschen, die ihnen das Gefühl vermittelten, gut zu sein, so wie sie sind. Menschen, die ihnen beibrachten, dass, egal ob als Schwarzes Kind in einer Schwarzen Gesellschaft oder als Schwarzes Kind in einer weißen Gesellschaft, ein Mensch ein Mensch ist.

Diese Menschen halfen ihnen, Selbstwert zu entwickeln, die eigene Würde zu erkennen, damit sie verstehen, dass es ihnen selbstverständlich zusteht, wertgeschätzt, respektiert und anerkannt zu werden. Diese Menschen, ob die eigenen Eltern oder andere enge Bezugspersonen, brachten nicht selten Opfer, stellten eigene Wünsche zurück, um den Kindern das Fundament zu geben, das sie für eine gesunde Entwicklung brauchten. Urvertrauen, Selbstbewusstsein und die Fähigkeit, an sich zu glauben, eine eigene kulturelle Identität auszubilden und Resilienz zu entwickeln.

Fehlt die frühe Unterstützung, kann dies zu einem Gefühl der Hilf- und Haltlosigkeit führen, das sich möglicherweise bis ins Erwachsenenalter hineinzieht. Sich seines Äußeren bewusst zu sein, eine Verbindung zu den kulturellen, familiären Wurzeln zu entwickeln und damit die Möglichkeit zu haben, die Frage nach der eigenen Herkunft zu beantworten, ist, das haben meine Gespräche gezeigt, von essentieller Bedeutung. Denn das bedeutet auch, sich in die Kultur, in der man lebt, einzufinden, ohne die Kultur, aus der die eigenen Wurzeln stammen, verleugnen zu müssen.

Meine zwölf Gespräche haben deutlich gemacht, wie wichtig eine klare kulturelle Identität ist, um als äußerlich vermeintlich nicht zur Mehrheitsgesellschaft gehörender Mensch ein emotional gesundes Selbst entwickeln zu können. Dazu braucht es Vorbilder an den unterschiedlichen Stationen des Lebens.

Der Kindergarten, die Schule – für jedes Kind und jeden Jugendlichen Orte mit zahlreichen Begegnungen, angenehmen wie herausfordernden. Orte des Entdeckens, des Lernens, des Wachsens. Orte, deren Einfluss auf das kindliche und jugendliche Leben, aber auch auf die Elternhäuser, auf das Umfeld, nicht hoch genug bewertet werden kann.

Es sind die Pädagoginnen und Pädagogen, die Lehrerinnen und Lehrer, die jedes Kind und jeden Jugendlichen begleiten, unterstützen und stärken sollen. Es ist ihre Aufgabe, sich der Perspektive eines jeden einzelnen Kindes, eines jeden einzelnen Jugendlichen anzunehmen, um sie zu verstehen. In einer Schule müssen sich alle Kinder und Jugendlichen, egal, welche individuellen Besonderheiten sie haben, von den Pädagoginnen und Pädagogen, von den Lehrerinnen und Lehrern angenommen und verstanden fühlen. Das gilt auch für deren Eltern und Erziehungsberechtigte und enge Bezugspersonen.

Meine Gesprächspartnerinnen und Gesprächspartner erlebten diese Stationen ihres Lebens sehr unterschiedlich, auch unterschiedlich stärkend und fördernd.

Sie berichteten aber auch von Begegnungen mit Menschen, von denen sie im Erwachsenenalter große Unterstützung erfuhren, ohne jemals damit gerechnet zu haben. Menschen, die ihnen zunächst vollkommen fremd waren. Nachbarn, Kollegen, Mitstudierende, Lehrende, weiße Deutsche. Menschen, die das Potenzial meiner Gesprächspartnerinnen und Gesprächspartner erkannten und dazu beitrugen, dass es sich entfalten konnte. Menschen, die das Gefühl abmilderten, die eigene Daseinsberechtigung stets unter Beweis stellen zu müssen, zeigen zu müssen, dass man dazugehört, etwas kann, über Kompetenzen verfügt. Menschen, die es ihnen erleichterten, am gesellschaftlichen Leben teilzuhaben.

Meine zwölf Gespräche zeigen, wie viel Kraft, Energie und Disziplin notwendig ist, um seinen Alltag als Schwarzer Mensch in einer weißen Gesellschaft und als vermeintlich nicht deutsche Person bewältigen zu können.

Mich hat auch sehr berührt, dass meine Gesprächspartnerinnen und Gesprächspartner im Anschluss an unsere Gespräche sagten, sie seien sich dadurch noch mal ein Stück näher gekommen. Dass das Erzählen bestimmter Erlebnisse aus der heutigen Sicht zu Reflexionen geführt hat, die es ermöglichten, im Nachhinein manch persönliche Frage zu klären.

Ja, und auch ich durfte feststellen, wie wohltuend Gespräche sind, die keiner zusätzlichen Erläuterung auf der Metaebene bedürfen, in denen Relativierungen, Bagatellisierungen und Verallgemeinerungen ausbleiben, eine kulturelle »Übersetzungsarbeit« nicht nötig ist, bei denen nicht erklärt werden muss, wie etwas gefühlt, gemeint oder erlebt wurde. Denn andernfalls können bestimmte Situationen zu Mikroaggressionen oder zumindest Mikroenttäuschungen führen.

Es war nicht notwendig, sich zu erklären, weil man sich der Gefahr ausgesetzt sah, dass das Gegenüber, dem man eine bestimmte Begebenheit erzählte, sich gekränkt oder gar beleidigt fühlen würde. Gekränkt oder beleidigt, weil er oder sie zur weißen Mehrheitsgesellschaft gehört und sich kollektiv für alle weißen Menschen angegriffen fühlt.

Diese zwölf Lebensgeschichten sollten auch genau dazu anregen, die eigene Haltung zu überprüfen, sie zu reflektieren, um weniger emotional und dafür mit etwas mehr Distanz eine klarere Sicht auf bestimmte Begebenheiten zu bekommen. Leserinnen und Leser können darin Antworten auf Fragen finden, die sie sich bislang möglicherweise nicht zu stellen trauten.

Nicht zuletzt geben diese Geschichten all jenen Menschen, die es betrifft, Mut, Stärke und die Kraft dafür, sich nicht länger im Kreis zu drehen und damit bei sich selbst anzukommen.

Diese Geschichten beweisen, dass es so manches Mal eines Umweges bedarf, der dann jedoch zu einer persönlichen und beruflichen Weiterentwicklung führt. Manches Mal ist es unabdingbar, für sein Ziel einen neuen Anlauf zu nehmen.

Dank

Seit dem Erscheinen meiner Autobiografie *Mist, die versteht mich ja!* im Jahr 2020 ist eine wunderbare und ereignisreiche Zeit vergangen.

Ich möchte meinen Leserinnen und Lesern danken, für die große Wertschätzung, den Respekt, die Achtung, das große Interesse und die vielen Rückmeldungen, die ich bei den verschiedenen Begegnungen erleben durfte. Der Gedankenaustausch, die Gespräche, auch die kontroversen Diskussionen waren wertvoll und bereichernd für mich.

Dem Orlanda Verlag Berlin gilt mein großer Dank, insbesondere der Verlegerin Annette Michael für ihren fortwährenden Glauben an mich und die positive Bestärkung meiner Arbeit, für ihre Begleitung, sowohl gedanklich als auch zu Lesungen und Auftritten. Ein weiterer großer Dank geht an Anna Mandalka für die Planungen und das zeitaufwendige Management aller Lesungen und Events, die im Zusammenhang mit dem Buch stattfanden.

Palma Müller-Scherf danke ich für ihr gründliches Lektorat, das auch dieses Mal wieder vertrauensvoll in ihren Händen lag.

Ein herzlicher Dank an Ingrid Führer, Büchercoach Austria, für die hervorragende Presse- und Öffentlichkeitsarbeit.

Mein größter Dank gilt meinen zwölf Gesprächspartnerinnen und Gesprächspartnern, die dieses Buch erst möglich gemacht haben. Ein DANKESCHÖN an Sylvie Brou, Keno Veith, Isaac Boateng und seine Frau Freya, Ingrid Adjoa Yeboah, Victor Nettey, Juliana Luisa Gombe, Chantale Bierou, Gerald Ssebudde, John Ehret, Samantha Harris, Henrietta Harris und Stephania Mbianda Papdo. DANKE SCHÖN, dass ich teilhaben durfte. DANKE SCHÖN für den Mut und die Bereitschaft, Ihre Geschichten mit uns zu teilen.

Last but not least ein Dankeschön an meinen Sohn!

Die Autobiografie: Über das Leben als Schwarze in Deutschland

ISBN 978-3-944666-76-1
240 Seiten, Klappenbroschur, € 22,00

»Ein Mensch mit einer anderen Hautfarbe muss einfach woanders herkommen, die Sprache nicht verstehen und auch sonst kulturell anders gestrickt sein. Anders kann es einfach nicht sein, sonst würde das Weltbild einiger erschüttert.«

Die kleine Florence, geboren in Hamburg als Kind nigerianischer Eltern, wird Ende der 60er-Jahre in Buxtehude von einer alleinstehenden Frau in Pflege genommen. Mit neun Jahren nehmen die Eltern sie mit nach Lagos, in ein Land, dessen Sprache sie nicht spricht, dessen Kultur ihr fremd ist, zu einer Familie, die sie nicht kennt. Durch das beherzte Eingreifen einer Lehrerin schafft sie es zurück nach Deutschland und macht dort ihren Weg …

In ihrer Autobiografie beschreibt die Autorin mit Humor die Erlebnisse einer Schwarzen Frau in einer weißen Gesellschaft, den schmalen Grat zwischen humorvollen Anekdoten und unschönem Alltagsrassismus, zwischen der Herausforderung, Brücken zu bauen, und der Grenzen zu setzen, zwischen Integration und Identitätsfindung, zwischen Beruf und dem Muttersein als Alleinerziehende – kurz: die Lebensgeschichte einer beeindruckenden Frau.

Die vielen positiven Reaktionen auf ihre Autobiografie *Mist, die versteht mich ja! Aus dem Leben einer Schwarzen Deutschen* verdeutlichten Florence Brokowski-Shekete, wie solche Innensichten gegenseitiges Verständnis fördern und Mut machen können.

»Wir brauchen eine neue Aufklärung … «

Tsitsi Dangarembga

ISBN 978-3-944666-60-0
272 Seiten, Klappenbroschur, € 22,00

ISBN 978-3-949545-09-2
350 Seiten, Klappenbroschur, € 24,00

ISBN 978-3-944666-87-7
376 Seiten, Klappenbroschur, € 24,00

Die Romantrilogie von Tsitsi Dangarembga: Die heranwachsende Tambudzai kämpft um das Recht auf ein menschenwürdiges Leben und Selbstbestimmung in Simbabwe.

»Die Schriftstellerin und Filmemacherin aus Simbabwe verbindet in ihrem künstlerischen Werk ein einzigartiges Erzählen mit einem universellen Blick und ist deshalb nicht nur eine der wichtigsten Künstlerinnen ihres Landes, sondern auch eine weithin hörbare Stimme Afrikas in der Gegenwartsliteratur.«
Auszug Jury Friedenspreis 2021 des Deutschen Buchhandels

Band 1 Aufbrechen:
Ein Mädchen kämpft um ihre Bildung
Der erste Band der Trilogie ist ein Porträt des Mädchens Tambu, das im Rhodesien der 1960er-Jahre allmählich dem Dorf- und Stammesleben entschlüpft, um ihren Platz als gebildete Frau einzunehmen. Doch alles hat seinen Preis.

Band 2 Verleugnen:
Zerrissen zwischen Herkunft und Zukunft
In den Jahren des Unabhängigkeitskriegs in Simbabwe besucht Tambu eine Missionsschule, in der koloniale, rassistische Strukturen und Unterdrückung den Schulalltag prägen. In ihrem Streben nach Anerkennung entfremdet sich Tambu immer mehr von ihrer Familie und ihrer Herkunft.

Band 3 *Über*leben:
Was bleibt, wenn es keine Hoffnung mehr gibt
Tambudzai macht sich nach der Aufgabe eines perspektivlosen Jobs Sorgen um ihre Zukunft. Bis schließlich der schmerzhafte Kontrast zwischen der Zukunft, die sie sich für sich vorgestellt hatte, und ihrer Alltagsrealität sie in einen kompletten Zusammenbruch und an einen Wendepunkt treibt.

Bewegende Kinderbücher: Wie Kinder Flucht und Ankommen erleben!

ISBN 978-3-944666-83-9
32 S., Hardcover, ab 4 Jahre, € 16,00

Josephs große Fahrt:
Träume verbinden und schaffen Freundschaften

Joseph lebt in einem Geflüchteten-Camp in Kenia, wo er einen großen Traum hegt: ein Fahrrad zu haben und damit zu fahren. Als er in die USA kommt, ist dort alles ungewohnt und neu. Aber eines Tages entdeckt er ein kleines rotes Fahrrad – perfekt für ihn! Und der Beginn einer innigen Freundschaft!

»Das Bilderbuch ist wegweisend für eine neue Generation von Bilderbüchern, die People of Colour selbstverständlich zum Thema machen.« Ajum, GEW

ISBN 978-3-949545-20-7
32 S., Hardcover, ab 5 Jahre, € 18,00

Ein Fest für Joseph:
Zum Wohlfühlen braucht es Gemeinschaft und Feste

Als Joseph mit seiner Mutter im Geflüchtetenlager in Ostafrika lebte, kochten und aßen alle gemeinsam. In seinem neuen Zuhause ist es viel zu still und einsam. Also lädt er Menschen aus seinem neuen Umfeld zum Abendessen ein – aber alle sind zu beschäftigt. Doch Joseph gibt die Hoffnung nicht auf – und tatsächlich gibt es am Ende ein wahres Festmahl!

»Ein Fest für Joseph fängt die Magie ein, die entsteht wenn Menschen bei Essen und Freundschaft zusammenkommen, und feiert sie.« CM Reviews

ISBN 978-3-949545-04-7
32 S., Hardcover, ab 5 Jahre, € 16,00

Von weit her:
Was Kinder im neuen Land erleben und leisten müssen

Als in ihrer Heimatstadt Krieg ausbricht, sind die junge Saoussan und ihre Familie dazu gezwungen, ihr Zuhause zu verlassen und weit weg zu ziehen. Im neuen Land angekommen beginnt Saoussan, in die Schule zu gehen. Doch sie hat Angst: alles ist so fremd und ungewohnt. Zum Glück gibt es eine Person, die sie versteht!

»Dieses Bilderbuch will (…) Mut machen und trösten und von denen erzählen, die bislang viel zu wenig vorgekommen sind.« Christine Knödler, freigeistern!

1. Auflage 2022

www.orlanda.de

Umschlag: Reinhard Binder
Lektorat: Palma Müller-Scherf
Korrektur: Julia Funcke, Katharina Seidel
Umschlagfotos: © Tanja Valérien
Fotos Innenteil: © Rebecca Racine Ramershoven
Satz: brama Studio, Wien
Druck und Bindung: CPI Print, Leck
Printed in Germany

MIX
Papier aus verantwortungsvollen Quellen
FSC® C083411
www.fsc.org

Dieses Buch wurde klimaneutral gedruckt.

ISBN 978-3-949545-23-8

Bei aller Sorgfalt können auch wir Fehler übersehen.
Deshalb freuen wir uns, wenn Sie uns Hinweise auf Fehler
an folgende Adresse schicken: mail@orlanda.de